新媒体视野下
大学生思政教育创新研究

彭灵赟 ◎ 著

中国出版集团

中 译 出 版 社

图书在版编目（CIP）数据

新媒体视野下大学生思政教育创新研究 / 彭灵赟著.
北京：中译出版社，2024.7. -- ISBN 978-7-5001
-8020-3

Ⅰ . G641

中国国家版本馆CIP数据核字第20246NS428号

新媒体视野下大学生思政教育创新研究
XINMEITI SHIYE XIA DAXUESHENG SIZHENG JIAOYU CHUANGXIN YANJIU

出版发行 / 中译出版社
地　　址 / 北京市西城区新街口外大街28号普天德胜大厦主楼4层
电　　话 /（010）68359827, 68359303（发行部）；68359287（编辑部）
邮　　编 / 100044
传　　真 /（010）68357870
电子邮箱 / book@ctph.com.cn
网　　址 / http://www.ctph.com.cn

策划编辑 / 于建军
责任编辑 / 于建军
封面设计 / 蓝　博

排　　版 / 雅　琪
印　　刷 / 廊坊市文峰档案印务有限公司
经　　销 / 新华书店

规　　格 / 710毫米×1000毫米　　1/16
印　　张 / 11.75
字　　数 / 200千字
版　　次 / 2025年1月第1版
印　　次 / 2025年1月第1次

ISBN 978-7-5001-8020-3　　　　　　　**定价：** 88.00元

前言
PREFACE

在新媒体时代，信息的快速传播和普及使得大学生思政教育面临着前所未有的挑战和机遇。新媒体技术的不断发展和普及，给大学生思政教育带来了全新的思考和探索空间。本书旨在探讨新媒体视野下的大学生思政教育创新，深入分析新媒体对大学生思想意识、价值观念的影响，以及如何利用新媒体平台进行思政教育的创新策略。

随着信息时代的到来，大学生的学习和生活环境发生了巨大的变化。他们身处一个信息爆炸的时代，面对着各种各样的信息和观念，思想的碰撞和冲击不断地影响着他们的成长和发展。在这样的背景下，如何引导大学生正确看待世界、树立正确的世界观、人生观、价值观，成为摆在教育者面前的重要课题。

本书将从多个角度深入探讨新媒体时代下大学生思政教育的创新与发展。首先，书中将梳理思政教育的概念与内涵，剖析其在新时代的重要性与现状，以及面临的发展趋势与需求。其次，书中将深入探讨新媒体的定义、特点以及与大学生的关系，分析新媒体在思政教育中的应用现状，并探讨新媒体时代下大学生的价值观、思想倾向以及信息素养的相关问题。

本书还将重点关注新媒体时代下大学生思政教育的创新策略，包括创新理念与指导思想、新媒体平台的运用与开发、多元化教学手段的设计与实施等方面。同时，书中还将对大学生思政教育课程设计与改革、信息素养与思政教育，以及评价与监管等方面进行深入探讨，旨在为大学生思政教育的创新与发展提供理论支持和实践指导。

通过本书的研究，作者希望能够为推动新媒体时代下大学生思政教育的创新与发展提供思路和借鉴，促进思政教育工作的深入开展，为培养德、智、体、美全面发展的社会主义建设者和接班人做出积极贡献。

由于时间和水平所限，书中不当之处难免，请读者批评指正。

作者

2024 年 4 月

目录
CONTENTS

第一章　导论

第一节　研究背景与意义

一、研究背景

在新媒体时代，信息传播已经不再受限于传统的媒介形式，而是通过数字化、网络化的方式实现多向互动传播。这一特点使得新媒体具有强大的生命力和创新性，对人类社会的各个领域产生了深远的影响，其中包括高校思想政治教育的载体。新媒体的发展不仅改变了信息传播的形式，也对大学生的思想意识、价值观念产生了重大影响。

传统上，高校思想政治教育主要通过课堂教学、宣传栏、墙报等方式进行。然而，随着新媒体的崛起，高校思政教育面临着新的挑战和机遇。新媒体技术的迅速发展使得教育的形式和内容发生了根本性的变化，大学生作为新时代的主要受众，其观念意识和行为模式也在不断地演变。数据显示，截至2020年12月，中国在线教育用户规模达3.42亿。这表明利用新媒体进行教育已经成为一种趋势，用户不断增加，服务不断多元化。大学生作为新媒体的主要受众之一，其对信息的接受和利用也在不断提高。

在这种背景下，高校思政教育面临着新的机遇和挑战。一方面，新媒体的兴起使得传统的思政教育方式显得有些滞后，无法完全满足大学生的需求；另一方面，新媒体的多样性功能为思政教育的创新提供了广阔的空间，为高校思政教育的发展提供了新的契机。

因此，如何利用新媒体技术推动高校思政教育载体的创新和发展，成为当前高校思政教育工作者需要思考和解决的重要问题。在新媒体时代，探讨高校思政教育载体的选择与运用，充分利用新媒体技术开发和创新高校思政教育载体,不仅是高校思政教育自身发展的需要,更是实现高校思政教育目标的需要。

二、研究意义

(一)从理论角度来看

高校思想政治教育载体的研究是思想政治教育理论体系中的重要组成部分。然而,目前对于高校思想政治教育载体的研究还相对不够深入和系统,特别是在新媒体时代背景下的研究更是相对缺乏。因此,本研究旨在以新媒体时代为背景,探讨当前高校思想政治教育载体的选择、运用、开发和创新等问题,有助于进一步丰富和完善思想政治教育学理论体系,推动思政教育理论的发展。

(二)从实践角度来看

当前高校思想政治教育载体的选择与运用并未达到理想状态,新媒体技术的运用也尚未充分发挥其潜力。这一现状不仅影响了高校思想政治教育的实效性,也制约了学生思想政治素养的提升。因此,深入研究新媒体时代下高校思想政治教育载体的创新和发展,对于提升思政教育实效性、增强学生思想政治素养具有重要的现实意义。

第二节 研究目的与目标

一、研究目的

第一,本研究旨在全面理解新媒体对大学生思想意识和价值观念的影响。随着新媒体技术的快速发展,大学生获取信息的途径和方式发生了根本性变化,这对其思想意识和价值观念产生了深远影响。通过深入分析新媒体的特点和影响机制,本研究旨在揭示新媒体对大学生思维模式、行为习惯等方面的塑造作用,为思政教育的创新提供理论基础。

第二,本研究旨在探讨如何利用新媒体平台进行思政教育的创新策略。新媒体平台为思政教育提供了全新的传播渠道和互动平台,为高校思政教育的改革和创新提供了广阔空间。通过系统研究新媒体时代下思政教育的实践案例和创新经验,本研究旨在总结出一系列切实可行的思政教育创新策略,以丰富思政教育的形式和内容，提升教育效果。

第三，本研究旨在为高校思政教育的实践提供理论指导和方法支持，推动思政教育工作向更高水平发展。通过对新媒体时代下大学生思政教育的深入研究，本研究旨在为高校决策者、教育工作者提供科学的理论依据和实践经验，以促进高校思政教育工作的创新与提升，助力培养德智体美劳全面发展的社会主义建设者和接班人。

二、研究目标

本研究旨在深入分析新媒体时代下大学生思想意识和价值观念的变化情况，探讨新媒体对大学生思政教育的影响机制，进而系统梳理思政教育的概念内涵，结合新媒体与思政教育的关系，探讨有效运用新媒体工具提升大学生思想政治素养和信息素养的策略。

第一，深入分析新媒体时代下大学生思想意识和价值观念的变化情况，探讨新媒体对大学生思政教育的影响机制。

在新媒体时代，大学生的思想意识和价值观念正在经历着深刻的变化。本研究将通过深入调查和分析，探讨新媒体对大学生思想意识和价值观念的具体影响，探索其影响机制，以揭示新媒体对大学生思政教育的潜在影响路径。

第二，系统梳理思政教育的概念内涵，结合新媒体与思政教育的关系，探讨有效运用新媒体工具提升大学生思想政治素养和信息素养的策略。

通过系统梳理思政教育的概念内涵，本研究将结合新媒体与思政教育的关系，探讨如何有效地运用新媒体工具提升大学生的思想政治素养和信息素养。通过对现有研究成果的整理和归纳，提出切实可行的策略和方法，以促进大学生思政教育的质量和效果。

第三，分析新媒体时代下大学生思政教育的现状与问题，探索创新思政教育载体的路径和方法。

本研究将分析新媒体时代下大学生思政教育的现状与问题，重点关注新媒体对现有思政教育载体的挑战和冲击。在此基础上，探索创新思政教育载体的路径和方法，为应对新媒体时代的挑战提供参考和借鉴。

第四，提出针对新媒体时代下大学生思政教育的实践策略，为高校思政教育的改革与发展提供可行性建议和实践指导。

第五，本研究旨在提出针对新媒体时代下大学生思政教育的实践策略，为高校思政教育的改革与发展提供可行性建议和实践指导。通过结合理论与实践，为高校思政教育的改革与创新提供可行性路径和方法，以推动高校思政教育工作的持续发展。

第三节　研究内容与范围

一、新媒体时代下高校思政教育载体的现状与问题分析

在这一部分，我们将通过文献综述和实地调查，深入剖析新媒体时代下高校思政教育载体存在的现实问题。传统的思政教育载体可能面临着适应性不足、传播方式单一等挑战，而新媒体技术的应用也可能受到局限的制约。我们将就这些问题进行深入分析，以便更好地了解当前高校思政教育面临的挑战。

二、新媒体时代高校思政教育载体的发展趋势与需求

通过对新媒体时代的特点进行全面分析，我们将探讨高校思政教育载体的发展趋势和受众需求。随着新媒体技术的普及和发展，大学生的信息获取方式和交流模式发生了深刻变化，因此，我们将研究新媒体技术在思政教育中的潜在作用，以满足大学生日益增长的思政教育需求。

三、利用新媒体技术推动高校思政教育载体的创新和发展

在这一部分，我们将重点研究如何有效利用新媒体技术，对现有的思政教育载体进行改进和创新。通过运用互联网、社交媒体、移动应用等新媒体平台，我们可以拓展思政教育的覆盖面和影响力，提高大学生的参与度和学习效果。

四、高校思政教育载体发展模式构建

我们将结合理论研究和实证分析，提出适应新媒体时代需求的高校思政教育载体发展模式。这包括制定更加灵活多样的教育内容和形式，搭建互动性强、个性化定制的教育平台，以及加强对新媒体技术的应用研究和人才培养等方面。通过这些努力，我们将为高校思政教育的创新与发展提供实用性的指导和建议。

第四节　研究方法与框架

一、研究方法

（一）文献综述分析

文献综述是对国内外相关文献进行系统梳理和综合分析的方法。通过对已有文献的归纳、总结和分析，可以探讨新媒体时代下大学生思政教育的理论框架和研究现状。这包括从理论和实践两个方面对文献进行综合分析，以获取相关领域的最新进展和研究成果。

（二）调查问卷调研

调查问卷调研是通过设计并实施针对大学生的问卷调查，收集和分析他们对新媒体在思政教育中的认知、态度和需求的方法。通过问卷调查，可以获取大量的实证数据，了解大学生对于新媒体思政教育的看法和期望，为研究提供客观的数据支持。

（三）案例研究

案例研究是选取具有代表性的高校或机构，在实践中开展新媒体时代下的思政教育工作，并对其进行深入案例分析的方法。通过对这些案例的研究，可以总结出成功的经验和教训，为其他高校在新媒体时代下进行思政教育提供参考和借鉴。

（四）访谈与观察

访谈与观察是通过与高校思政教育相关人员的深度访谈和实地观察，了解新媒体时代下大学生思政教育的实际情况和挑战，探索解决方案的方法。通过与实践者的交流和现场观察，可以深入了解实践中的问题和困难，为研究提供实践经验的支持。

二、研究框架

（一）理论分析阶段

在这一阶段，一方面，进行文献综述，对国内外相关文献进行系统梳理和综合分析，探讨新媒体时代下大学生思政教育的理论基础。通过文献综述，可以了解到在新媒体时代，大学生思政教育面临的挑战和机遇，并从中总结出相关的理论框架。另一方面，进行理论分析，对新媒体时代下大学生思政教育的相关理论进行梳理和研究，构建研究的理论框架。这包括思政教育理论、传播理论、教育技术理论等方面的研究，从理论上为后续的实证研究提供基础。

（二）实证研究阶段

在实证研究阶段，主要采用问卷调查、案例研究等方法，收集和分析实证数据，深入探讨新媒体对大学生思政教育的影响及其创新路径。一方面，通过问卷调查，获取大学生对新媒体在思政教育中的认知、态度和需求等方面的数据，从而了解其对新媒体的接受程度和使用情况。另一方面，进行案例研究，选取具有代表性的高校或机构，在实践中开展新媒体时代下的思政教育工作，并对其进行深入案例分析，从中总结成功的经验和教训。

（三）解决方案提出阶段

在理论分析和实证研究的基础上，提出针对新媒体时代下大学生思政教育的创新策略和实践建议，为高校思政教育的改革与发展提供决策支持。这包括针对现有问题的解决方案，以及对未来发展方向的建议。在这一阶段，需要综合考虑理论和实践的结合，为高校思政教育的改革提供可行性建议。

（四）结果总结与展望阶段

对研究结果进行总结和归纳，展望未来新媒体时代下大学生思政教育的发展趋势和方向。这包括对研究成果的总结，对未来研究方向的展望，以及对高校思政教育工作的启示。通过对研究结果的总结与展望，为进一步研究提供参考和借鉴，推动新媒体时代下大学生思政教育的不断发展与完善。

第二章　大学生思政教育概述

第一节　思政教育的概念与内涵

一、思政教育的定义

思政教育是中国特色社会主义教育的重要内容之一，是对学生进行综合素质教育的核心任务之一。思政教育旨在引导学生通过学习和实践，树立正确的世界观、人生观、价值观，坚定理想信念，培养爱国、爱党、爱社会、爱人民的情感意识，提高社会责任感和使命感，实现人格全面提升。思政教育强调的不仅是知识传授，更重要的是塑造学生的思想品德，以期影响和引领学生的认知、态度和行为。

二、思政教育的内涵和目标

（一）思政教育的内涵

1. 坚定正确的世界观、人生观、价值观

（1）历史观、民族观、文化观的建构

历史观、民族观和文化观是构建正确世界观、人生观、价值观的重要组成部分，对于塑造学生的思想品格具有重要意义。在思政教育中，应该从以下三个方面深入开展。

①历史观的塑造：历史是人类社会发展的长河，通过历史教育，学生可以深刻领悟到人类社会的发展规律和历史变革的深刻内涵。教育者应该引导学生正确理解历史进程，认识到历史的教训和启示，树立正确的历史观，尊重历史事实，珍视历史文化遗产。

②民族观的培育：民族是一个国家的基石，也是一个民族的根本。通过民

族观教育，学生能够深入了解自己民族的历史、文化、传统和精神，增强民族自豪感和归属感，培养爱国情怀，增强文化自信。

③文化观的塑造：文化是一个民族的灵魂，是一个国家的软实力。通过文化观教育，学生可以了解到不同文化之间的多样性和包容性，认识到文化的重要性和价值，树立正确的文化观，珍视中华优秀传统文化，尊重多元文化，提倡文明交流互鉴。

（2）人生追求的指引

人生追求是每个人内心最深处的呼唤，也是思政教育的重要目标之一。在培养学生正确的人生观时，应该注重以下三个方面。

①积极向上的人生态度：鼓励学生树立积极向上、阳光健康的人生态度，面对人生的挑战和困境时，保持乐观向上的心态，坚定不移地向着目标前进，追求自我完善和全面发展。

②真善美的追求：引导学生追求真善美，培养其对美好事物的敏感和欣赏能力，注重培养学生的美的情操、美的品质，让他们成为社会的新风尚和新典范。

③努力奋斗的品质：教育学生树立积极的人生追求，培养其拼搏进取的品质，树立正确的成功观和失败观，认识到人生的意义在于奋斗，在于不断超越自我、实现自我价值的过程。

（3）理想信念的树立

理想信念是人生的精神支柱，是人生奋斗的不竭动力。在思政教育中，应该注重以下三个方面。

①共产主义信念的坚定：引导学生树立共产主义远大理想和崇高信念，认识到共产主义是人类社会发展的必然趋势和最终目标，坚信只有共产主义才能实现社会的全面发展和人民的共同富裕。

②为人民服务的宗旨：教育学生树立为人民服务的宗旨，强调共产党员和社会主义事业工作者的初心和使命，引导他们将个人理想与国家和民族的命运紧密联系起来，自觉把个人的奋斗融入实现中华民族伟大复兴的历史进程之中。

③实践检验的重要性：理想信念需要通过实践来不断检验和升华。在思政教育中，应该引导学生将理想信念转化为实际行动，通过实际工作和实践活动来检验和坚定理想信念，不断增强其对共产主义事业的信心和决心。

2. 培养爱国主义情感和社会责任感

（1）爱国主义情感的激发

在当前形势下，通过爱国主义教育和国情教育激发大学生的爱国主义情感具有重要意义。爱国主义情感的激发不仅仅是简单的情感表达，更要求学生深刻认识祖国的伟大、民族的历史，以及当前国家发展的重要性和紧迫性。

首先，可以通过历史教育，让学生了解中华民族五千多年的光辉历史，感受到中华文明的博大精深。通过深入了解祖国的历史文化，学生能够认识到祖国的繁荣昌盛来之不易，增强对祖国的认同感和归属感。

其次，可以通过国情教育，让学生了解当前国家面临的挑战和机遇，引导他们认识到祖国发展的重要性和紧迫性。通过了解国家发展的战略规划和政策举措，学生能够认识到自己作为中国公民的责任和使命，激发起爱国主义情感。

最后，可以通过红色教育，让学生了解中国共产党的光辉历程和伟大成就，认识到中国共产党是中国人民的主心骨，是中国特色社会主义事业的领导核心，增强学生对党和国家的信任和拥护。

（2）社会责任感的培养

除了爱国主义情感，社会责任感的培养也是思政教育的重要内容之一。在当前社会，培养大学生的社会责任感是推动社会进步和发展的重要保障。社会责任感的培养不仅仅是简单的道德要求，更要求学生能够主动关心社会、服务社会，为社会和他人贡献自己的力量。

首先，可以通过社会实践活动，让学生深入社会、了解社会，感受社会的需求和挑战。通过参与志愿服务、社会调查等活动，学生能够亲身体验到社会的多样性和复杂性，增强对社会的责任感。

其次，可以通过课程设置，引导学生关注社会热点问题和社会发展进程，提高他们对社会问题的认识和理解。通过开设社会学、公民道德等课程，学生能够了解社会现象背后的深层次原因，培养他们解决社会问题的能力和意愿。

最后，还可以通过组织学生参与社会公益活动，培养他们的公民意识和社会责任感。通过参与环保活动、扶贫助残等公益事业，学生能够深刻体会到服务社会的快乐和意义，增强对社会的责任感和使命感。

3.强化党性修养和思想道德修养

（1）正确的党性观念

正确的党性观念是思政教育中的重要内容，是培养学生政治觉悟和党性修养的关键。在教育实践中，应该通过以下三个方面来强化学生的党性观念。

首先，通过党史教育，让学生深刻认识到中国共产党的光辉历程和伟大成就，了解党的奋斗历程和历史功绩。通过学习党史，学生能够认识到中国共产党是中国人民的主心骨，是中国特色社会主义事业的领导核心，从而树立起对党的信仰和忠诚。

其次，通过党性教育，引导学生深入学习党的理论和路线方针政策，了解党的基本纲领和党的各项建设任务。通过学习党性教育，学生能够认识到中国共产党是中国人民的先锋队和代表，从而树立起对党的崇敬和尊重。

最后，通过党性修养教育，培养学生正确的政治立场和世界观观点，加强对党的组织和纪律的认同和遵守。通过党性修养教育，学生能够认识到党的领导是中国特色社会主义事业的根本保证，从而树立起对党的信仰和忠诚。

（2）思想品德的塑造

思想品德的塑造是思政教育中的重要任务，是培养学生社会主义核心价值观和道德品质的关键。在教育实践中，应该通过以下三个方面来强化学生的思想品德。

首先，通过思想政治理论课程，引导学生深入学习和理解马克思主义基本原理，社会主义核心价值观，以及中国特色社会主义理论体系。通过学习思想政治理论，学生能够认识到社会主义核心价值观是中国特色社会主义的灵魂和精髓，从而树立起正确的思想观念。

其次，通过思想道德修养教育，引导学生树立正确的道德观念和行为准则，弘扬社会主义道德风尚。通过思想道德修养教育，学生能够认识到社会主义核心价值观是中国特色社会主义事业的价值追求，从而树立起正确的行为准则。

最后，通过道德实践活动，培养学生正确的社会责任感和公民道德意识，提高他们的社会责任感和道德修养水平。通过参与社会公益活动、志愿服务等实践活动，学生能够增强对社会的责任感和使命感，从而树立起正确的社会道德观念。

4.提升综合素质和自主创新意识

（1）全面发展的培养

在新时代，大学生的综合素质要求不仅仅是学术水平的提高，更需要全面发展，具备多方面的素养。因此，在思政教育中，应该通过以下三个方面来培养学生的综合素质。

首先，通过课程设置，构建多样化的教育体系，注重学科交叉和综合能力的培养。不仅要注重学生专业知识的学习，还要注重培养学生的语言表达能力、团队合作能力、创新思维能力等综合素质，使学生在多个领域都能有所突破和表现。

其次，通过课外活动和社会实践，提供丰富多彩的发展平台，让学生参与各种形式的实践活动，丰富自己的社会阅历和实践经验。通过参与社会实践活动、社团组织、志愿服务等活动，学生可以培养自己的领导能力、组织协调能力、社会责任感等综合素质，实现全面发展。

最后，通过个性化辅导和导师制度，关注学生的个性特点和发展需求，为学生提供个性化的成长指导和支持。通过与学生的密切互动，了解学生的兴趣爱好、优势特长和发展方向，制定个性化的成长规划，帮助学生全面发展，实现自我提升。

（2）创新能力的培养

在新时代，创新能力已经成为大学生必备的核心素养之一。因此，在思政教育中，应该通过以下三个方面来培养学生的创新能力。

首先，通过创新创业教育，开展创新创业实践活动，激发学生的创新潜能和创业意识。通过开设创新创业课程、组织创业实践活动等方式，培养学生的创新思维和创业精神，引导学生勇于探索、勇于实践，培养他们的创新意识和创新能力。

其次，通过科研训练和科技竞赛，提供创新平台和机会，激发学生的科研兴趣和创新能力。通过参与科研项目、科技竞赛等活动，学生可以接触到最新的科研成果和技术应用，锻炼自己的科学研究能力和创新能力，培养他们的科学精神和创新精神。

最后，通过跨学科学习和思想碰撞，拓展学生的思维边界，激发他们的创新思维和创新意识。通过组织跨学科讨论、思想交流等活动，学生可以接触到不同学科的知识和思想，拓宽自己的视野和思维，培养他们的跨界思维和创新思维，提高他们的创新能力和创新水平。

（二）高校大学生思想政治教育目标的内涵

1.在目标的确立上，思政教育目标与党的总目标具有高度的一致性

在确定思想政治教育（思政教育）目标时，与党的总目标具有高度一致性。思政教育旨在培养拥护社会主义事业、坚定马克思主义信仰的优秀人才，这与党的总目标——实现中华民族伟大复兴的中国梦，建设富强民主文明和谐的社会主义现代化强国是一致的。在思政教育的历史发展过程中，不断融入历史逻辑、理论逻辑和实践逻辑，强调人的发展，关注人的自由意志。正如马克思主义哲学所指出的，社会发展的本质是人的发展。因此，思政教育在实现改变世界、服务社会等目标的过程中，必须将落脚点聚焦在人的身上。

思政教育旨在通过思想指引的方式，将学生培养成有品德、有血性、有本事、有灵魂的优秀人才。这种人才既具备道德品质，又具备坚定的信仰和理想；既有实践能力，又有创新精神和批判思维。他们不仅具备个人的发展潜力，还能够为社会的进步和发展做出积极贡献。因此，思政教育的目标是培养德智体美全面发展的社会主义建设者和接班人。

世界观、人生观和价值观的教育与培养是学生能够更好地适应社会、发展社会的根基，同时也是思政教育目标得以落实的重要内容。通过对学生进行世界观、人生观和价值观的教育与培养，可以帮助他们树立正确的人生观和价值观，树立正确的人生目标和追求，从而更好地适应社会的发展和变革。这种教育与培养不仅有利于学生个人的成长和发展，也有利于社会的稳定和繁荣。

因此，思政教育目标的实现不仅是为了服务国家和社会的发展，更是为了推动学生的成长与发展。只有通过思政教育，才能够培养出德智体美劳全面发展的社会主义建设者和接班人，为实现中华民族伟大复兴的中国梦，建设富强民主文明和谐的社会主义现代化强国做出应有的贡献。

2."实践预期"

实践预期主要是指思政教育能够将我党社会实践的预期结果呈现出来，使其成为可感受、可触摸的"预期"，引导学生对其进行持续的努力和奋斗。

第一，思政教育的系统化发展目标应当包括培养学生的马克思主义理论素养

和政治信念。这一目标的实现需要通过系统的理论课程和实践活动，使学生深入理解马克思主义的基本原理和核心价值观，坚定中国特色社会主义道路的信念，从而在实践中不断弘扬党的优良传统，维护党的团结统一和国家的长治久安。

第二，思政教育应致力于促进学生的人文素养和社会责任感的培养。这意味着要引导学生树立正确的世界观、人生观和价值观，培养他们具有社会责任感、爱国主义情怀和团队合作精神，以更好地为国家和社会的发展贡献自己的力量。通过丰富多样的课程设置和实践活动，让学生深刻理解人文精神的内涵，增强对社会现实的认知和关注，从而在未来的工作和生活中成为具有社会担当的栋梁之材。

第三，思政教育的科学化发展目标应当注重学生的创新创业能力和国际视野的拓展。随着时代的变迁和社会的发展，学生需要具备适应变革的能力和开拓进取的精神，才能在激烈的竞争中立于不败之地。因此，思政教育应当积极引导学生关注国际事务和全球化趋势，培养他们具备创新意识和跨文化交流能力，为国家和社会的发展走向更高水平提供智力支持和人才保障。

3. 思政教育的动态性

思政教育的动态性体现在多个方面，其中国家力量和物质动因是两个重要的方面。国家力量要求思政教育目标与党和国家的总目标相统一，这意味着思政教育的目标必须与国家发展的方向和需要相一致，以确保思政教育的有效性和实践性。同时，物质动因则要求思政教育目标具备时代性和阶段性特征，根据当前国家的国情和社会发展的新阶段进行调整和完善。因此，思政教育的目标在历史发展中具有持续变化的动态性内涵。

在当前的社会背景下，随着我国经济建设和社会发展的不断推进，国家对思政教育提出了更高的要求和更加明确的指导。思政教育的目标必须与党和国家的总目标相统一，以确保思政教育的方向正确、内容丰富、方法有效。这就要求思政教育要深入贯彻党的教育方针，坚持马克思主义的指导地位，引导学生树立正确的世界观、人生观和价值观，培养拥护社会主义核心价值观、拥护中国特色社会主义制度的信念，为实现中国梦、实现中华民族伟大复兴的中国梦作出积极的贡献。

与此同时，物质动因也在推动着思政教育目标的不断调整和完善。随着时代的变迁和社会的发展，思政教育必须具备时代性和阶段性特征，与时俱进，根据国家发展的需要和社会进步的要求进行相应的调整和改革。这就要求思政教育要紧密结合当前国家的国情和社会发展的新阶段，注重培养学生的创新精神和实践能力，提高学生的综合素质和竞争力，以适应社会发展的需要，为国家建设和社会进步提供人才支撑和智力支持。

第二节 大学生思政教育的重要性与现状分析

一、当前大学生思政教育的意义

（一）培养正确的世界观和价值观

大学生阶段是人生观、价值观形成和巩固的关键时期。思政教育通过传授马克思主义基本原理、党的路线方针政策和社会主义核心价值观等，引导学生树立社会主义、集体主义和共产主义的思想观念，增强对中国特色社会主义道路的坚定信念和自豪感。通过深入的思政教育，大学生能够形成正确的判断力、分析力和决策力，对社会现象和问题有更明确地认识，从而在未来的工作和生活中能够正确应对各种思潮和挑战。

1. 马克思主义基本原理的传授

（1）深入理解马克思主义基本原理

在大学生思政教育中，对马克思主义基本原理的深入解读是至关重要的。通过对马克思主义哲学、政治经济学等方面的学习，学生能够逐步理解马克思主义的核心观点，包括辩证唯物主义、历史唯物主义等，从而建立起符合科学发展观的世界观和方法论。

（2）培养批判性思维

在学习马克思主义基本原理的过程中，应当注重培养学生的批判性思维。通过分析马克思主义理论与社会实践的联系，引导学生思考问题的本质和根源，从而形成对社会现象的批判性认识和分析能力，进而指导他们正确的实践行动。

2. 党的路线方针政策的学习

（1）深入了解党的路线方针政策

大学生思政教育应当系统地传授党的路线方针政策，包括党的基本路线、改革开放政策、乡村振兴战略等。通过深入学习，学生能够理解党的各项政策措施的背景、意义和实施路径，进而增强对中国特色社会主义的认同和支持。

（2）强化实践应用能力

思政教育不仅要求学生理解党的路线方针政策，更要求他们能够将其运用到实际工作和生活中。通过案例分析、政策解读等形式，培养学生运用党的路线方针政策分析和解决实际问题的能力，为将来成为社会主义建设者和接班人打下坚实基础。

3.社会主义核心价值观的树立

（1）强化社会主义核心价值观的宣传教育

思政教育应当注重对社会主义核心价值观的宣传教育，包括富强、民主、文明、和谐、自由、平等、公正、法治、爱国、敬业、诚信、友善等。通过宣传教育，引导学生树立正确的人生观、价值观和道德观，增强对社会主义核心价值观的认同和践行。

（2）培养实践运用能力

除了宣传教育，思政教育还应当注重培养学生将社会主义核心价值观运用到实际生活中的能力。通过社会实践、志愿活动等形式，引导学生以实际行动践行社会主义核心价值观，树立正确的人生目标和追求，为实现中华民族伟大复兴的中国梦贡献力量。

（二）增强社会责任感和公民意识

思政教育使大学生充分认识自己是祖国的未来建设者和接班人，激发起他们对社会发展和人民幸福的责任感。

1.爱国主义情怀的培养

（1）深化爱国主义教育

大学生思政教育应当深化爱国主义教育，通过国情教育、历史教育等形式，激发学生对祖国的热爱和对民族复兴的责任感。理解祖国的历史、文化、现状以及面临的挑战，能够让学生认识到自己肩负的历史使命和责任，进而培养出强烈的社会责任感。

（2）强调实践参与

爱国主义情怀的培养不仅仅是口号的宣传，更需要通过实际行动来体现。

思政教育应当鼓励学生积极参与国家建设、社会公益等活动，让他们亲身感受到爱国行为的力量和意义，从而树立起对国家和人民的深厚感情。

2. 社会责任感和公民意识的塑造

（1）强化社会问题意识

大学生思政教育需要引导学生认识到社会问题的存在和影响，包括贫富差距、环境污染、社会不公等。通过深入分析社会问题的成因和解决途径，激发学生的社会责任感，引导他们以积极的态度投身到社会问题的解决中去。

（2）提升公民意识

公民意识是每个公民应该具备的基本素养，大学生思政教育应当引导学生认识到自己作为国家公民的责任和义务。包括尊重法律、维护社会秩序、履行社会责任等方面，通过法治教育和公民道德教育，培养学生遵纪守法、自觉维护社会和谐稳定的意识和行动。

3. 职业道德和人文素养的提升

（1）强调职业操守

大学生思政教育应当注重培养学生的职业道德和职业操守。通过案例分析、职业伦理教育等形式，引导学生树立正确的职业道德观，培养自律、诚信、责任感等良好的职业品质，为将来成为社会有用之才奠定基础。

（2）增强人文关怀

思政教育还应当注重培养学生的人文关怀和社会责任感。通过文学、艺术、历史等人文科学的教育，引导学生关注他人、关心社会，培养出宽容、善良、博爱的人文情怀，从而更好地融入社会、服务社会。

（三）提高社会活动能力和团队合作精神

思政教育不仅要培养学生的理论和思考能力，更重要的是培养他们的实际运用能力。

1. 实践能力的培养

（1）社会实践与实习实训

大学生思政教育应该通过社会实践、实习实训等形式，让学生接触实际社会，了解社会运行规律和问题所在。通过参与社会实践，学生能够增强社会适应能力、解决问题的能力，从而更好地适应未来的工作和生活。

（2）创新创业能力的培养

思政教育还应当鼓励学生勇于创新、敢于创业。通过开展创新创业教育，培养学生的创新精神和创业意识，引导他们将理论知识与实践结合，为社会经济发展注入新的活力和动力。

2.团队合作精神的培养

（1）社团组织与团队活动

大学生思政教育应该鼓励学生积极参与社团组织和团队活动，培养他们的团队合作精神和组织协调能力。通过团队活动，学生能够学会倾听、合作、协调，发挥自己的优势，实现个人价值和团队目标的有机统一。

（2）领导能力的培养

思政教育还应当注重培养学生的领导能力。通过担任团队组织的职务、参与领导力培训等方式，引导学生学习领导理论和实践技能，培养他们成为具有组织协调能力和领导才能的人才，为未来社会的发展和进步注入新的活力。

3.社会责任感的体现

（1）社会公益活动的参与

大学生思政教育应该鼓励学生积极参与社会公益活动，实现社会责任感的体现。通过志愿者服务、慈善活动等形式，学生能够将爱心和责任传递给需要帮助的人群，体现出作为社会主义建设者的责任和担当。

（2）社会价值观的践行

思政教育还应当引导学生将社会主义核心价值观转化为具体的行动。通过引导学生关注社会热点、参与社会议题的讨论和解决，让他们在实践中不断践行社会主义核心价值观，为社会的和谐稳定和可持续发展做出积极贡献。

二、大学生思政教育的现状分析

（一）知识和价值观多元化

如今的知识和信息传播更加自由和广泛，大学生在接触和获取知识的过程中，往往面临着来自不同领域、不同价值观的观点和思想，这对于大学生思政教育提出了更高的要求。

1.教育者的角色与要求

（1）教育者的学识与素养要求

在当前信息自由传播的环境下，教育者应具备广泛的知识面和高深的学识，以应对学生面临的多元化知识和价值观挑战。教育者需要不断充实自己的学识，不仅仅局限于特定领域，还要具备跨学科的能力，能够理解和解释来自不同领域的观点和思想。此外，教育者的个人素养也至关重要，他们应该具备开放、包容、谦逊的态度，能够尊重不同的观点和文化，以建立和谐的教学氛围。

（2）提高理论水平与理解能力

教育者需要不断提高自己的理论水平，深入研究马克思主义、哲学、社会科学等相关理论，以更好地引导学生理解和分析不同价值观的根源和影响。此外，教育者还应具备对不同价值观的理解力，能够客观、全面地分析各种观点的优缺点，指导学生进行理性思考和辩证分析。

2.学校与社会的作用与措施

（1）提供多元化的知识资源与学习环境

学校和社会应该提供多元化的知识资源和学习环境，为学生接触和获取不同领域的知识提供便利。这包括建设丰富多彩的图书馆资源、开设跨学科的选修课程、举办学术讲座和研讨会等活动，以满足学生的知识需求和学习兴趣。

2 引导学生进行理性思考和比较

学校应通过多样化的教学方法和手段，引导学生进行理性思考和比较。教育者可以采用案例分析、讨论互动等方式，让学生从不同角度去思考和分析问题，形成自己独立的见解和观点。同时，学校还应鼓励学生主动参与辩论、论文写作等活动，锻炼他们的批判性思维和表达能力。

3 引导学生建立正确的世界观与价值观

除了提供多元化的知识资源和学习环境，学校还应加强对大学生的思政教育，引导他们建立正确的世界观、人生观和价值观。教育者可以通过开展主题教育活动、举办道德讲堂、组织志愿服务等方式，引导学生树立正确的社会主义核心价值观，提高他们对各种观点的辨别能力和批判思维能力。

（二）社会的开放性和自由性

在社会开放的背景下，大学生的思想和行为也更加自由化。学生的世界观、价值观、思想观念和行为方式不再受传统观念的束缚，而是更加注重个性化和多元化。

1. 开放与大学生自由化思想行为

（1）社会开放的背景与影响

社会的开放性意味着信息的自由流动和多元文化的交融，这为大学生的思想和行为带来了更多的选择和可能性。传统观念的束缚逐渐减弱，大学生在世界观、价值观、思想观念和行为方式上更加注重个性化和多元化。这种社会开放的趋势推动了大学生的自由化思想和行为，使他们更加倾向于追求个人价值和自我实现。

（2）教育者的应对策略

教育者在面对大学生思想行为的自由化时，需要采取一系列的应对策略。首先，教育者应充分尊重学生的个性差异，注重推动学生的个人发展。他们应该关注每个学生的特点和需求，为他们提供个性化的教育服务，促进他们全面发展。

2. 思想政治教育的普及化与精细化

（1）普及化的教育方式

为了保持思想政治教育的指导性和引导性，教育者需要将教育普及到每一个角落。他们应该利用课堂教学、校园文化活动、社团组织等各种渠道，向学生传递正确的思想观念和道德价值观，引导他们树立正确的世界观、人生观和价值观。

（2）精细化的教育手段

除了普及化的教育方式，教育者还应该注重精细化的教育手段。他们可以根据学生的不同特点和需求，采用个性化的教学方法和手段，激发学生的学习兴趣和主动性。同时，教育者还应充分运用现代科技手段，如网络教育、移动学习平台等，为学生提供便利的学习资源和交流平台，促进他们全面发展。

（三）时代变革和信息爆炸造成的认知压力

1. 信息化与认知压力的背景与影响

（1）信息化时代的挑战

信息化和网络化的时代背景下，大量的信息和新兴科技不断涌现，给大学生带来了巨大的认知压力。信息爆炸导致学生面临着海量信息的涌入，而信息的真实性和有效性难以判断，容易造成认知混乱和困惑。此外，新兴科技的快速发展也使得许多大学生对未来的学科和发展方向缺乏准确的认知和定位，增加了他们的心理负担和焦虑情绪。

（2）认知压力对学习和未来发展的影响

认知压力对大学生的学习和未来发展可能产生不利影响。信息过载和认知混乱会影响学生的学习效率和学业成绩，使他们难以从杂乱的信息中筛选出真正有用的知识。同时，对未来的不确定性和焦虑情绪可能导致学生对自己的未来发展方向缺乏信心和方向感，影响其自我规划和职业选择。

2.教育者的应对策略与措施

（1）加强科学素质和科技伦理教育

为了帮助学生更好地应对信息化时代的认知压力，教育者应加强科学素质和科技伦理教育。他们可以通过课堂教学、讲座演讲等形式，引导学生深入了解科学知识和科技发展趋势，培养他们对新兴科技的理性审视能力和批判性思维，从而帮助他们更好地理解和应用科技信息，提高信息处理能力。

（2）注重人文教育和人文关怀

除了加强科学素质和科技伦理教育，教育者还应注重人文教育和人文关怀。他们可以通过文学作品、艺术欣赏、人文讲座等方式，引导学生关注人文价值和人性关怀，帮助他们建立起正确的人生观和价值观，增强对自我、他人和社会的认知和理解。同时，教育者还应注重个体情感的关怀和支持，积极倾听学生的心声，为他们提供情感上的支持和鼓励，共同应对认知压力带来的挑战。

（四）极端思潮和不良信息的影响

当今社会，极端思潮和不良信息流传广泛，大学生容易受其影响而偏离正确的价值观和思想道路。为了化解这种影响，教育者需要认识到问题的严重性，不断更新教育方法和手段，增强思政教育的针对性、实效性和创造性。

1.极端思潮与不良信息的传播

（1）当前社会的现状与挑战

在当今社会，极端思潮和不良信息的传播已成为一种普遍现象。社交媒体、网络平台等新兴媒体的兴起，使得各种极端观点和不良信息可以迅速传播和扩散。大学生作为社会的主要知识群体之一，往往更容易受到这些信息的影响，导致其偏离正确的价值观和思想道路，甚至产生极端行为和思想倾向。

（2）影响与挑战

极端思潮和不良信息对大学生的影响是多方面的。首先，这些信息可能引发大学生的焦虑和恐慌，影响其心理健康和学业表现。其次，极端思潮和不良信息可能误导大学生的价值取向，导致其产生消极、极端的行为和态度。最后，这些信息可能破坏社会的稳定和谐，甚至引发社会问题和动荡，对整个社会造成严重影响。

2.教育者的应对策略与措施

（1）更新教育方法与手段

面对极端思潮和不良信息的影响，教育者需要不断更新教育方法和手段，增强思政教育的针对性、实效性和创造性。他们可以采用案例分析、讨论互动、情景模拟等方式，引导学生辨别和抵御不良信息的干扰，培养其正确的判断力和抵抗力。

（2）提供高质量的文化产品与知识资源

学校和社会应提供高质量的文化产品和知识资源，为大学生提供丰富的文化娱乐和知识来源。这包括举办文化艺术活动、推出高水平的文化产品、建设优质的图书馆资源等。通过这些举措，可以为大学生提供更多选择，使他们在某些情况下遇到挑战时能坚定自己的信仰和理念，确立自己的人生目标和追求。

3.共性价值观的宣传与传承

（1）加强共性价值观的宣传

为了抵御极端思潮和不良信息的影响，教育者应加强对共性价值观的宣传和传承。他们可以通过思政课教育、校园文化建设、主题教育等形式，向学生传递社会主义核心价值观、民族精神和传统文化，引导学生树立正确的世界观、人生观和价值观。

（2）培育良好思想品德与社会责任感

教育者还应重视培育大学生的良好思想品德和社会责任感。他们可以通过课程设置、社会实践、志愿服务等方式，引导学生树立正确的道德观念和行为准则，提高他们的社会责任感和公民素质，为建设一个和谐、平等、民主、法治的社会贡献力量。

三、大学生思政教育面临的挑战

图 2-1 展示了新时代背景下高校思政教育面临的挑战，主要体现在以下三个方面。

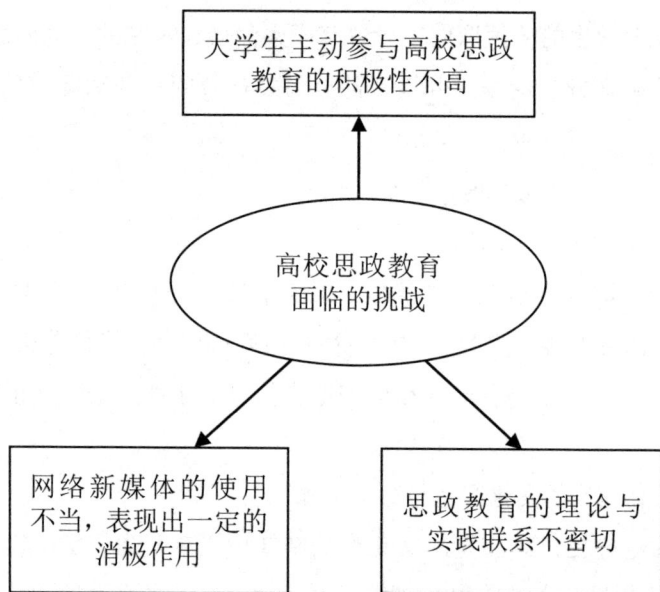

图 2-1　新时代背景下高校思政教育面临的挑战

（一）大学生主动参与高校思政教育的积极性不高

在当今社会，对专业人才的需求不断提高的今天，大学生们往往更注重对专业知识和技能的学习，而忽略了对自己思想的升华，这就导致了他们接受思政教育的主动性较低。此外，当他们参与思想政治有关的活动时，常常表现出不愿意付出太多的努力，或者认为这样做既浪费时间又没有意义。

（二）网络新媒体的使用不当，表现出一定的消极作用

当前，随着网络新媒体的迅猛发展，思想政治工作既面临着新的机遇，又面临着挑战。大学生经常会对新鲜事物产生更多的兴趣，其在接受新思想和新事物的时候缺乏判断能力，且很容易冲动地做出决策。因此，大学生在网络媒体上很容易受到消极思想的影响，从而导致其思政教育无法从网络新媒体中获益，甚至还会进一步恶化。

（三）思政教育的理论与实践联系不密切

目前，大学生的思政教育更多的是以思想政治理论课、时事政策课等课程为主，其知识理论性非常强，师生之间存在着明显的主客体区别。对大部分学生而言，理解起来有很大的难度，这就造成了他们缺乏学习思政知识的动力，对增强自身思政素质的意识不强。另外，由于社会实践活动的缺乏，使得大学生的思想政治素养难以在潜移默化中得到提高。

第三节　大学生思政教育的发展趋势与需求

一、面向新时代的大学生思政教育方式创新

面对上述挑战，广大高校思想政治工作者应结合时代特征，不断完善新形势下的思政教育内容；同时运用新媒体和其他科技手段，对思想政治教育的方式进行创新，在形式和内容上都要把握好这两者之间的关系，使思政教育能够随着时代和形势的变化不断更新。

（一）要重视学生的主体性，激发其积极性

在课堂上，教师可以运用多种手段，如文学作品、影视资料等，将抽象的理论知识与生活实际相结合，以此激发学生的兴趣和主动性。通过生动的案例分析、趣味的教学活动，使学生能够更加直观地理解和应用所学知识，从而提高学习的积极性和效果。例如，通过展示相关影视作品或文学作品中的人物形象和事件，引发学生的思考和讨论，让他们从中体会到理论知识的实际运用和意义。

在日常学习生活中，教师也应当重视学生的思想动态，关注他们的心理变化和成长需求，并根据实际情况积极开展与之相关的教育活动。这包括定期组织心理健康教育讲座或活动，引导学生正确处理情绪和压力，培养积极乐观的心态；开展主题班会或座谈会，让学生有机会表达自己的想法和感受，促进彼此之间的交流和沟通；组织参观实践活动，让学生走出课堂，亲身感受社会的多样性和复杂性，拓宽他们的视野和思维方式。通过这些教育活动，可以增强学生的自我认知和自我管理能力，培养其积极向上的人生态度和价值观念。

同时，学生自身也应当转变原有的学习态度，重视思政教育的重要性，并愿意接受老师的引导和教育。这需要学生认识到良好的思想品德对于个人发展和社会进步的重要性，意识到思政教育是大学教育中不可或缺的一部分。学生应当主动参与课堂讨论和学习活动，积极思考和探索，不断提升自己的思想境界和品德修养。同时，学生也应当注重个人心理健康的培养，学会有效地处理情绪和压力，保持积极向上的心态，为自身的成长和发展创造良好的条件。

（二）要充分发挥互联网与多媒体的优势

网络上丰富的教学辅助资源，是实现思想政治教育信息化的重要条件。与传统的课堂教育形式相比，高校可以利用新媒体软件，让学生积极地进行思政教育，并在其中得到思想的升华。在对网络新媒体进行充分运用的过程中，大学的思政教育人员也要注重指导学生们通过网络新媒体来开展积极地学习，提高其是非判断能力，最大限度地发挥网络新媒体的作用。

第一，利用互联网和多媒体资源进行思政教育能够丰富教学内容，增强学生的学习体验。通过网络平台，学生可以获取到丰富多样的学习资源，包括文字、图片、音频、视频等形式的资料。这些资源不仅可以帮助学生更直观地理解抽象的理论知识，还可以激发他们的学习兴趣，提高学习的效果和效率。例如，利用网络平台进行在线课程教学、举办网络讲座或研讨会、发布教学视频等，都能够使思政教育更加生动和具体化。

第二，互联网和多媒体技术能够拓展思政教育的传播渠道，增强教育的覆盖范围和影响力。通过互联网，思政教育可以实现全天候、全方位地传播，不受时间和空间的限制，使更多的学生能够接触到优质的教育资源。同时，互联网还可以促进校内外资源的共享和互动，打破学科、地域的界限，为学生提供更广阔的学习空间和交流平台。例如，建立在线学习社区或平台，让学生之间进行思想交流和学习分享，拓宽学生的学习视野和思维方式。

第三，高校思政教育人员应当注重引导学生正确利用互联网和多媒体资源，提高其信息获取和处理的能力。面对互联网上的海量信息，学生往往面临着信息过载和真假难辨的困境。因此，思政教育人员应当帮助学生培养批判性思维和辨别能力，教导他们如何识别和评价网络信息的真实性和价值性，避免受到不良信息的影响。同时，思政教育人员还应当加强对网络信息的管理和监督，确保网络平台的内容健康和良性发展。

（三）思政教育需注重理论与实践相结合

高校应在思政教育中增加一些实践性的课程和活动，如志愿服务活动，参观红色教育基地等。通过这些实践，学生们可以把理性的认识与现实的行为相结合，从而对马克思主义的科学内涵有自己独特而又深刻地认识，使思政教育内容成为学生们的一种坚定信仰和追求。

第一，高校思政教育可以通过增加实践性课程和活动来促进理论与实践的结合。例如，组织学生参与志愿服务活动，让他们亲身参与社会实践，了解社会问题，感受社会责任，培养奉献精神。通过志愿服务活动，学生可以将在思政课堂上学到的理论知识与实际行动相结合，体会到理论的实用性和指导性，从而加深对马克思主义的理解和认同。

第二，高校可以组织学生参观红色教育基地等地，开展实践教学活动。通过参观红色教育基地，学生可以亲身感受革命先烈的英勇事迹，了解党的光辉历程，增强爱国主义情感和对党的信仰。这种实践活动能够使学生深刻领会马克思主义的价值观和思想精髓，激发他们的爱国热情和责任意识，促进其思想政治素质的全面提升。

第三，高校的思政教师队伍也应该深入学生宿舍，对学生的学习、生活和思想动态进行持续关注和指导。通过与学生的密切接触，思政教师可以了解学生的学习情况和心理状态，及时发现和解决学生在思想上的问题，给予他们必要的帮助和指导。这种思政教师的关怀和支持能够增强学生对思政教育的认同感和信任度，促进其思想政治觉悟的提升。

二、大学生思政教育的需求分析

（一）对国家现代化进程的认知和把握

1.历史演变与现阶段

在理解国家现代化进程时，首先需要回顾中国特色社会主义事业的发展历程。从改革开放以来，中国以实现现代化为总目标，不断探索适合自身国情的发展道路。大学生应深入了解改革开放以来中国经济、政治、文化等各领域的发展成就和历程，从中感悟到中国现代化进程的坚实基础和不断前行的动力。

同时，要对当前国家现代化进程的阶段性成果和前进目标有清晰认识。近年来，中国经济持续增长，科技创新不断涌现，国际地位日益提升。大学生需要了解中国所面临的挑战与机遇，明确自己作为新时代青年的历史使命，为实现全面建成社会主义现代化强国的中国梦贡献力量。

2. 增强认同感与自豪感

首先，通过深入学习国家的发展战略和政策，大学生应当从中理解到中国正处于实现中华民族伟大复兴的关键阶段。从改革开放以来，中国始终坚持走中国特色社会主义道路，逐步摆脱贫困、实现经济崛起，并向全球展现出了巨大的发展潜力。大学生应当深刻认识到中国特色社会主义的优越性，并从中汲取信心和力量，认识到中国现代化不仅是对自身发展的追求，更是对世界和平与发展的贡献。

其次，了解国际地位的提升对于大学生树立自信心至关重要。随着中国经济的持续增长和国际地位的提升，中国在全球事务中的影响力日益增强。例如，中国积极参与全球治理，推动构建人类命运共同体，提出了共建"一带一路"倡议等重大国际合作倡议。这些举措使中国在国际舞台上的地位日益巩固，也为大学生提供了更广阔的发展空间和更多的机遇。

最后，大学生应当深刻理解国家现代化对每个人的意义。中国现代化不仅仅是经济的发展，更是对人民生活水平的提升、社会治理能力的增强以及国家整体实力的提升。作为国家建设的中坚力量，每个大学生都承载着实现国家现代化的责任和使命。他们应当以自身的成长与发展为国家建设贡献力量，在实现个人价值的同时，也要为实现国家的发展目标贡献智慧和力量。

3. 培养正确发展观与使命感

在国家现代化进程中，大学生作为中坚力量，肩负着重要的历史责任和使命。他们不仅是国家的未来和希望，更是国家现代化建设的重要参与者和推动者。因此，思想政治教育在培养大学生的正确发展观和使命感方面扮演着至关重要的角色。

第一，大学生应树立正确的发展观。这意味着要明确自己的发展目标，并积极追求。思政教育应引导大学生认识到，个人的成长与国家的发展密不可分，个人的成功与国家的繁荣息息相关。因此，大学生应明确自己的人生价值，努力掌握专业知识与技能，不断提升自己的综合素质，为国家的现代化建设做出积极贡献。

第二，大学生应树立强烈的使命感。作为国家的中坚力量，大学生肩负着实现中华民族伟大复兴的历史使命。思政教育应引导大学生认识到自己的社会责任和历史使命，激励他们投身到国家现代化事业中去。大学生应当具备报效祖国、造福人民的担当精神，不断探索创新，勇于实践，为国家的发展贡献自己的力量。

第三，思政教育应鼓励大学生学习先进理论和成功经验。通过学习马克思主义理论，学习中国特色社会主义理论体系，大学生能够深刻领会中国特色社会主义的本质和优势，坚定中国特色社会主义道路自信、理论自信、制度自信、文化自信。此外，大学生还应当学习借鉴国内外先进经验，不断拓宽视野，提升综合素质，为建设富强民主文明和谐美丽的社会主义现代化强国而努力奋斗。

（二）对国家发展战略和政策的了解和理解

1. 重要保障与必要条件

在国家长治久安和社会稳定的构建过程中，国家发展战略和政策被视为至关重要的保障和必要条件。这不仅关乎国家整体发展的方向和步伐，更关系到每一个国民的生活和未来。大学生作为国家建设的中坚力量，应当深刻理解国家发展战略和政策的科学性、前瞻性以及灵活性，以此为指引，积极参与到国家发展的伟大事业中去。

第一，国家发展战略的科学性体现在其系统性和整体性上。国家发展战略不是简单的一时决策，而是经过科学研究和综合考量的产物。它考虑了国家的实际情况、国际形势的变化以及未来发展的趋势，具有系统性的特点。大学生应当深入了解国家发展战略的背景和内涵，明确国家发展的总体目标和路径，从而增强对国家发展的认同感和自豪感。

第二，国家发展战略的前瞻性体现在其对未来发展的预见性和规划性上。国家发展战略不仅考虑当前国家的发展需求，更着眼于未来发展的长远目标和方向。大学生应当认识到国家发展战略的前瞻性意义，明确未来发展的趋势和挑战，从而在个人发展规划中注重长远眼光，做好未来发展的准备。

第三，国家发展政策的灵活性和针对性也是其重要特点。随着国家发展的变化和时代的发展，国家发展政策也需要不断调整和优化，以适应新的形势和需求。大学生应当了解国家发展政策的灵活性，积极参与到政策的制定和实施过程中去，为政策的贯彻落实提供智力支持和实践力量。

2. 角色和使命

作为国家建设的中坚力量，大学生肩负着重要的历史使命和责任。他们不仅是国家发展的受益者，更是国家现代化进程中的参与者和推动者。在这个伟大的时代，大学生应当明确自己在国家发展中的角色和使命，紧密联系个人的命运与国家的命运，为实现国家的繁荣富强贡献自己的力量。

第一，大学生应当意识到自己作为国家建设的参与者和见证者的责任和使命。作为国家未来的栋梁之材，大学生承载着实现中华民族伟大复兴的历史使命。他们应当牢记国家的兴亡匹夫有责的责任，自觉投身到国家的发展事业中去，为实现中华民族伟大复兴的中国梦而不懈奋斗。

第二，大学生应当树立正确的政治观念和价值取向。思政教育应当引导大学生认识到政治的重要性和现实意义，明确自己在国家政治生活中的地位和作用。大学生应当积极参与到国家的政治建设中去，为维护国家的政治稳定和社会和谐贡献自己的力量。

第三，大学生应当关注国家的发展需求和社会的矛盾问题，努力寻找解决问题的有效途径和方法。他们应当注重实践能力和创新精神的培养，勇于实践，锐意进取，不断探索新的发展模式和路径，为国家的发展注入新的活力和动力。

第四，大学生应当具备担当民族复兴大任的精神风貌和责任担当的作风。他们应当自觉践行社会主义核心价值观，培育爱国情怀和社会责任感，为社会的进步和发展贡献自己的智慧和力量。

3. 全球化视野与国际交流合作能力

思政教育应当引导大学生关注国际形势和发展趋势，了解和分析国际政治、经济、科技等方面的情况，培养他们具备全球化视野和国际交流合作能力的能力。

第一，大学生应当关注国际形势和发展趋势。全球化已经成为不可逆转的趋势，国际关系日益紧密，国际合作与竞争的格局不断演变。大学生应当关注国际政治、经济、科技等方面的动态，了解国际形势的变化和发展趋势，提高对世界格局的认知和理解。

第二，大学生应当培养全球化视野。全球化视野是指跳出国界、超越民族、关注全球的视角和思维方式。大学生应当通过广泛阅读、多元化的学习和社会实践，拓宽自己的视野，增强对世界各地文化、历史、经济、政治等方面的了解，培养以世界为舞台的全球化思维。

第三，大学生应当具备国际交流合作的能力。国际交流合作能力包括语言沟通能力、跨文化交流能力、团队合作能力等方面。大学生应当通过参与国际交流活动、交换学习项目、国际志愿服务等途径，提升自己的国际交流合作能力，增强与世界各地人士交流合作的信心和能力。

第四，大学生应当积极参与国际合作，共同应对全球性挑战。在推动国家现代化进程的同时，大学生应当意识到全球性挑战对于人类的共同命运产生的影响，并积极参与到国际合作中去，共同应对气候变化、能源安全、全球贸易、公共卫生等全球性挑战，为构建人类命运共同体做出积极贡献。

（三）对国家法律法规的学习和掌握

1.法律体系与法治精神

大学生作为社会的中坚力量，应当深入学习宪法、民法、刑法等基本法律，加强对国家法律体系和法治精神的理解和把握。通过系统学习法律知识，大学生能够增强法治观念和法律意识，自觉遵守法律法规，自觉维护社会秩序，成为遵纪守法的好公民。

第一，大学生应当深入学习宪法。宪法是国家的根本法律，是国家政治生活和社会生活的总章程，具有最高的法律地位和法律权威。大学生应当深入学习宪法，了解宪法的基本原则和核心价值观，明确宪法在国家治理和社会建设中的重要作用，树立法治信仰，自觉维护宪法的尊严和权威。

第二，大学生应当系统学习民法。民法是规范民事关系的基本法律，涉及人民群众的日常生活和社会交往的方方面面。大学生应当深入学习民法，了解民法的基本理论和基本原则，掌握民法的基本知识和基本方法，增强对民事法律关系的理解和把握，自觉遵守法律法规，维护自己的合法权益，自觉履行法律义务。

第三，大学生应当系统学习刑法。刑法是规范刑事关系的基本法律，涉及对犯罪行为的惩治和社会治安的维护。大学生应当深入学习刑法，了解刑法的基本原理和基本制度，掌握刑法的基本知识和基本方法，增强对刑事法律关系的理解和把握，自觉遵守法律法规，自觉防范和抵制犯罪行为，维护社会的安全和稳定。

第四，大学生应当树立法治观念和法律意识，自觉遵守法律法规，自觉维护社会秩序。法治观念是指尊重法律、依法治国的思想观念和行为准则，是每个公民应当具备的基本素养。大学生应当树立法治观念，自觉遵守法律法规，增强法律意识，自觉维护社会秩序，成为遵纪守法、守法诚信的好公民，为构建法治社会、实现国家长治久安和社会和谐稳定做出积极贡献。

2. 法治意识与法律素养

在现代社会中，法治意识与法律素养对于每个公民来说都至关重要。特别是大学生作为社会的中坚力量，其法治意识和法律素养的提高不仅关系到自身的成长，更关乎整个社会的法治建设和稳定。因此，思政教育应当引导大学生树立正确的法治意识和提高法律素养，促进他们在日常生活和工作中自觉遵守法律、维护法律的权威。

第一，大学生应当深入理解法律的精神和原则。法律的精神体现了社会公平、正义和秩序的价值追求，是法治的重要基础。大学生应当通过学习法律的基本原理和精神，了解法律的价值取向和规范要求，树立法治意识，自觉遵守法律、尊重法律、维护法律的权威。

第二，大学生应当了解法律的基本原理和适用规则。法律是社会管理和治理的工具，其内容和适用规则涉及方方面面的社会生活和行为规范。大学生应当通过学习法律知识，了解法律的基本原理和适用规则，掌握基本的法律常识，增强对法律的认知和理解能力。

第三，大学生应当培养正确的法律思维方式。法律思维是指运用法律知识和法律思维方式分析和解决问题的能力。大学生应当通过系统学习法律知识和案例分析，培养批判性思维、逻辑思维和法律思维，提高分析问题、解决问题的能力，做到遇事有法可依、有法可依。

第四，大学生应当增强法律意识和法治素养。法律意识是指对法律权威的认识和尊重，是法治社会的重要标志之一。大学生应当通过参与法制教育和法律实践活动，增强法律意识和法治素养，自觉遵守法律法规，维护社会秩序，成为遵纪守法、守法诚信的好公民。

3.社会责任与公民义务

作为大学生，他们应当认识到自己作为社会成员的责任与义务，积极参与社会公共事务，为社会稳定和法治建设作出贡献。思政教育在这一过程中扮演着重要角色，应当引导大学生树立正确的公民观念，自觉履行公民义务，努力践行社会责任，促进社会和谐稳定的发展。

第一，大学生应当认识到自己的社会责任。作为社会的一员，大学生不仅享受着社会的各种福利和资源，也应当承担起相应的社会责任。这包括但不限于积极参与公共事务、关心社会弱势群体、维护社会秩序等方面。只有认识到自己的社会责任，大学生才能真正意识到自己在社会中的重要性和作用，进而更加积极地投身到社会实践中去。

第二，大学生应当自觉履行公民义务。公民义务是每个公民应当履行的法律规定的义务，也是作为公民的基本责任。大学生应当自觉遵守法律法规，尊重他人的权利，不侵犯他人的合法权益，同时也应当积极参与到社会公共事务中去，为社会的发展和进步贡献自己的力量。

第三，思政教育应当引导大学生努力践行社会责任。社会责任是每个公民都应该具备的品质和素养，也是构建和谐社会的重要保障。大学生应当通过参与志愿服务、社会实践、公益活动等形式，践行社会责任，关爱他人、服务社会，为社会的和谐稳定做出积极贡献。

（四）培养公民责任意识和社会责任感

1.问题意识与思想道德建设

为了有效化解这种影响，教育者需要深刻认识到问题的严重性，并不断更新教育方法和手段。思政教育作为塑造大学生思想道德的重要途径之一，应当引导大学生树立正确的问题意识，加强思想道德建设，培养他们坚定的理想信念和正确的世界观、人生观、价值观。

第一，思政教育应当引导大学生树立正确的问题意识。正确的问题意识是指对社会现实和个人生活中存在的问题进行深刻地认识和思考，以及积极主动地寻求解决问题的意识和能力。大学生应当通过思政教育课程、讨论会、社会实践等形式，学习和掌握正确的问题分析和解决方法，增强对社会问题的敏感性和认知能力，从而更好地应对和解决面临的各种问题。

第二，思政教育应当加强大学生的思想道德建设。思想道德建设是指在思想观念、道德品质、行为规范等方面进行系统培养和提升的过程。大学生作为新时代的接班人和社会的中坚力量，应当具备正确的思想观念和高尚的道德品质。思政教育应当通过深入学习马克思主义理论、中国特色社会主义理论、优秀传统文化等内容，引导大学生树立正确的世界观、人生观、价值观，坚定理想信念，明确社会责任，树立正确的行为准则和道德标准。

第三，思政教育应当培养大学生的批判性思维和创新能力。批判性思维是指对信息进行分析、评价和判断的能力，是培养大学生独立思考和自主选择的重要途径。思政教育应当引导大学生不盲从、不轻信，要善于分辨是非曲直，理性思考，增强辨别是非的能力。同时，思政教育还应当鼓励大学生勇于探索、敢于创新，培养他们的创造力和创新精神，为社会发展和进步注入新的活力和动力。

2. 文化产品与知识资源

学校和社会的责任在于为大学生提供高质量的文化产品和知识资源，以丰富他们的文化娱乐和知识来源。这样的举措不仅能够满足大学生日常生活的需求，还能够在精神层面提供支持和指导，帮助他们塑造积极向上的人生态度和价值取向。

第一，学校和社会应当提供丰富多样的文化产品。文化产品是指能够满足人们文化需求的各种物质和非物质形式的产品，包括书籍、电影、音乐、艺术品等。为了满足大学生的文化需求，学校和社会可以建立丰富的图书馆、电影院、音乐厅等文化设施，定期举办各类文化活动和展览，提供丰富多彩的文化产品，让大学生在欣赏和享受中感受到文化的魅力，增强自身的文化修养和审美能力。

第二，学校和社会应当提供丰富的知识资源。知识资源是指各种各样的知识来源和学习渠道，包括图书馆、网络资源、学术期刊、研究机构等。为了满足大学生的知识需求，学校和社会可以建立完善的图书馆和数字图书馆，订阅各类学术期刊和数据库，组织专题讲座和学术交流活动，提供高质量的知识资源，让大学生在学习和研究中不断拓展自己的知识面，提升自身的学术水平和综合素养。

第三，学校和社会还可以通过开设丰富多样的课程和讲座，邀请国内外知名学者和专家进行学术交流和讲座授课，为大学生提供更广阔的学术视野和知识渠道。此外，还可以鼓励大学生参与科研项目和实践活动，提升他们的科研能力和实践能力，培养他们的创新精神和实践能力。

3.共性价值观与社会责任感

教育者在培养大学生的思想道德品质和社会责任感方面扮演着至关重要的角色。他们应当加强对共性价值观的宣传和传承，通过深入探讨社会公正、人与自然、个人与集体等问题，引导大学生树立正确的价值观，提高社会责任感，积极参与公益事业，为建设一个和谐、平等、民主、法治的社会做出贡献。

第一，教育者应当深入探讨共性价值观的内涵和意义。共性价值观是指在特定历史条件下形成的，被广大人民群众所认同和接受的基本道德准则和行为规范。这些共性价值观包括但不限于诚信、勤俭、友爱、公平、公正等，是社会和谐稳定发展的重要基础。教育者应当通过课堂教学、思想政治理论课、社会实践等形式，向大学生传达共性价值观的重要意义，引导他们树立正确的道德观念和行为准则，自觉践行社会主义核心价值观，为社会的和谐稳定做出积极贡献。

第二，教育者应当引导大学生思考人与自然的关系。人与自然的关系是人类社会发展过程中长期存在的重要问题，关系到人类的生存和发展。教育者应当通过生态文明教育、环境保护实践等方式，引导大学生认识到人类与自然是一个命运共同体，应当树立尊重自然、保护环境的意识，积极参与环境保护和生态建设，推动人与自然和谐共生，实现可持续发展。

第三，教育者应当促进大学生树立正确的个人与集体关系。个人与集体的关系是社会主义核心价值观的重要内容之一，关系到个人的价值追求和社会的整体利益。教育者应当通过思想政治理论课、社团活动、志愿服务等途径，引导大学生树立正确的集体主义观念，强化集体荣誉感和责任感，主动关心集体利益，积极为集体发展贡献力量，实现个人价值和集体利益的有机统一。

第三章 新媒体与思政教育

第一节 新媒体的定义与特点

新媒体是一个宽泛的概念，新型媒体设备和新媒体平台都可称为新媒体。新媒体的发展十分迅猛，并且，新媒体自身所具备的多样化特征又使其发展前景充满光明。

一、新媒体的基本内涵

新媒体并非在一开始就被理解为当下意义的"新媒体"，它最初使用是在信息传播领域。1967 年，美国哥伦比亚广播电视网（CBS）技术研究所所长戈尔德马克（P·Goldmark）在一份商品计划中，首次提出了"新媒体"（New Media）一词。随着数字信息技术的迅速发展和广泛应用，信息传播模式发生了巨大改变，"新媒体"一词不再是信息传播领域的专有名词，开始逐渐从一个科技名词转变为社会名词。当前，学术界对于新媒体的定义众说纷纭，各专家学者都从其视角出发，对新媒体进行了内涵解读。有的学者认为新媒体是依托互联网和数字交流技术等新技术向受众提供信息服务的新兴媒体，是随着时代的发展而不断发展着的，因而要把新媒体当作动态概念来分析。比如清华大学熊澄宇教授就视新媒体为一个相对的概念，认为相对于报纸来说，广播就是新媒体；相对于广播来说，电视就是新媒体；相对于电视来说，当今的网络就是新媒体[1]。中国传媒大学宫承波教授认为新媒体是一个前赴后继性的概念，例如广播、电视之于印刷媒体就是"新媒体"，但之于网络便是"旧媒体"了[2]。还有的学者认为新媒体就是载体，就是承载了信息和内容的一种工具手段。比如学者岳颂东认为新媒体就是采用当代最新科技手段，将信息传播给受众群体，并对群体产

---

1 熊澄宇 . 用三句话定义新媒体 [N]. http://daynews.com.cn/mag6/20060327/ca589555.1.htm.

2 宫承波 . 新媒体概论 [M]. 中国广播电视出版社，2009：3-4.

生预期效应的一个载体[1]。在线资深媒体分析师凡·克劳思贝（Vin Crosbie）认为新媒体就是能对大众同时提供个性化服务的媒体，并且相互间可以同时进行个性化交流。

关于新媒体内涵的界定，各学者从不同的角度进行诠释，这一概念的内涵还在不断地外延和发展之中。

二、新媒体的产生

20 世纪 60 年代，在一份关于商品开发的计划中，电子录像被最早称为"新媒体"。自 20 世纪 90 年代以来，互联网、数字电视、手机媒体等新媒体技术以高效处理海量信息、即时享受多边互动的优势在我国有了迅速的发展。目前，新媒体的发展主要有两个趋势，一是在原生媒体的形态下不断演进发展，如电子邮箱、电子刊物、手机短信、论坛和网络社区等原生媒体形态基于新兴的网络技术开始展现出了新的发展活力；二是在新兴的网络技术基础上对传统媒体进行创新或融合而产生的新的媒体形态，如网络电台、网络电视、微博、微信等。这些新媒体既丰富了媒体形式，也拓宽了传统媒体的生存空间。近几年来，中国的网络技术日渐成熟，网络基础设施日趋完善，使得网络接入成本和用户终端产品价格不断下降，用户的上网门槛也不断降低，互联网日趋大众化和平民化。据中国互联网络信息中心（CNNIC）在京发布第 38 次《中国互联网络发展状况统计报告》显示，截至 2016 年 6 月，中国网民规模达 7.1 亿，互联网普及率达到 51.7%，超过全球平均水平 3.1 个百分点[2]。随着 4G 通信技术的深化推广，网络基础设备的日臻完善，移动互联网的发展浪潮将会持续推进。同时，正在被研发的 5G 技术也将会给互联网用户带来更佳的、不同以往的使用体验，进一步为移动互联网提供动力，促进新媒体技术的进一步发展。

三、新媒体的主要特征

与传统媒体相比较，新媒体主要具备以下五个主要特征。

---

1 岳颂东 . 新媒体产业的 8 个特点 [EB/OL].: http://finance.sina.com.cn/hy/20080519/17024884944.htm.
2 第 38 次中国互联网网络发展状况统计报告 [EB/OL].: http://www.cnnic.net.cn/hlwfzyj/hlwxzbg/hlwtjbg/201608/t20160803_54392.htm

（一）数字化程度高

1. 数字化媒介形式

（1）多媒体信息表现形式

数字化媒介形式使得信息可以以多种形式进行表现，包括文字、图片、视频、音频等。相比于传统媒体的单一表现形式，新媒体所呈现的信息更为多样化和丰富，能够更好地满足用户的多样化需求。用户可以通过不同的媒介形式获取信息，提升了信息的可视性和感染力。

（2）信息表达更生动直观

数字化媒介形式的信息表达更加生动直观，能够更好地吸引用户的注意力和兴趣。例如，通过图片和视频等多媒体形式呈现的信息，更容易引起用户的共鸣和情感共鸣，提升了信息的传播效果和影响力。这种生动直观的信息表达方式有助于增强用户对信息的理解和记忆。

（3）信息传播速度更快

数字化媒介形式使得信息的传播速度大大加快，信息可以在瞬间传播到全球范围。用户可以通过互联网和社交媒体等渠道实现即时传播和交流，信息的传播范围和速度超出了传统媒体的想象。这种快速传播的特性为新闻报道、事件传播等提供了便利条件，也加速了信息的传播效果和影响力。

2. 信息编码与传输

第一，信息编码是将信息转化为数字信号的过程，以便在数字化设备和网络平台上传输和存储。在新媒体平台上，各种信息形式，包括文字、图片、视频、音频等，都需要经过数字编码，将其转化为计算机可以识别和处理的数字形式。数字编码可以通过各种编码算法和标准实现，例如 ASCII 编码、Unicode 编码等，以确保信息在传输过程中不会失真或损坏。通过数字编码，信息可以以一种统一的格式存储和传输，使得信息在不同平台和终端设备上具有良好的兼容性和可读性。

第二，信息传输是将经过编码的数字信号通过网络平台传输到目标接收端的过程。在新媒体时代，互联网等网络平台成为信息传输的主要通道，通过宽带网络、光纤传输等技术实现信息的快速传输和广域覆盖。信息传输过程中，数字化的特性保证了信息在传输过程中不会因为信号衰减或干扰而失真，保证了信息的完整性和准确性。同时，网络平台的普及和发展使得信息可以在全球范围内实现即时传输和广泛传播，为信息传播提供了便利条件。

3. 清晰稳定的传播效果

第一，新媒体的数字化特性保证了传播内容的清晰度。相比传统媒体，新媒体的图片、视频等传播内容经过数字化编码后，其质量得以有效保障。数字化技术能够将原始图像、视频信号转换为数字信号，使得传播内容具有更高的精度和清晰度。这种数字化的过程消除了传统媒体传输过程中可能出现的模糊、失真等问题，保证了用户在接收信息时能够获得清晰度极高的视听体验。无论是高清晰度的图片还是高清晰度的视频，都能够在新媒体平台上得到完美呈现，让用户感受到更加真实、生动的视觉享受。

第二，数字化技术确保了传播过程的稳定性。在新媒体平台上传播的数字化内容，经过网络传输到用户终端时不会因为信号衰减或干扰而导致质量下降。相比传统的模拟传输方式，数字化传输具有更高的稳定性和可靠性。网络平台的普及和发展使得信息传输的速度和质量得到了极大地提升，用户在接收信息时不会受到网络延迟或卡顿的困扰，保证了传播效果的稳定性。这种稳定的传播效果使得用户能够更加顺畅地获取信息，增强了用户对新媒体的信任感和满意度，从而提升了用户对新媒体的依赖性和使用频率。

4. 互联网媒体化

第一，互联网的普及为新媒体提供了广阔的传播空间。随着互联网技术的不断发展和普及，越来越多的人都可以方便地接入互联网，无论是通过个人电脑、智能手机、平板电脑等终端设备，还是通过各种网络接入方式，如宽带、无线网络等，都能够轻松地获取互联网上的信息资源。这种广泛的传播渠道使得新媒体的内容可以迅速传播到世界各地，实现了信息的全球化传播，为人们获取信息、交流思想提供了便利条件。

第二，互联网的媒体化促进了信息传播的多样性和覆盖范围的扩大。在互联网平台上，任何人都可以轻松地成为信息的发布者和接收者，无论是个人、机构还是企业，都可以通过建立网站、博客、社交媒体账号等方式，发布自己的观点、新闻资讯、文化作品等内容。这种多样化的信息来源和传播方式丰富了信息内容，满足了不同人群的需求，拓展了信息传播的覆盖范围，使得信息更加丰富多彩、生动有趣。

第三，互联网的媒体化还推动了新媒体与传统媒体的融合与发展。随着传统媒体如报纸、广播、电视等媒体向互联网转型，新媒体与传统媒体之间的界限逐渐模糊，呈现出了一种融合发展的趋势。传统媒体通过建立网站、开展移动客户端等方式，拓展了自己的传播渠道，实现了线上线下的互动和融合，而新媒体则通过吸收传统媒体的优秀资源和经验，不断提升自身的专业化水平和影响力，共同推动了媒体产业的创新和发展。

（二）即时交流功能强

1. 时间和空间无限制

新媒体的即时交流功能赋予了用户无限制的时间和空间。在过去，传统媒体的信息传播受限于时间和空间的限制，用户只能在特定的时间点收看电视新闻或者购买报纸阅读。而现在，随着新媒体的发展，用户可以随时随地通过互联网和移动设备获取信息，不再受限于时间和地点。例如，借助手机 APP、社交媒体平台或者新闻网站，用户可以在公交车上、咖啡厅里甚至是床上随时浏览最新的新闻资讯。这种无限制的时间和空间特性，极大地提升了用户获取信息的便利性和灵活性，使得信息传递更加自由化和高效化。

2. 传播速度快

新媒体的传播速度快是其突出的特点之一。与传统媒体相比，新媒体几乎可以在信息发生后的第一时间传达给全球范围内的用户。通过微博、微信、新闻客户端等新媒体平台，用户可以即时了解到最新的新闻、事件和社会动态。这种即时性不仅提升了用户获取信息的效率，也使得新媒体成为应对突发事件和传播热点信息的首选平台。例如，在突发的自然灾害或社会事件中，新媒体平台可以迅速发布相关信息，为用户提供即时的安全警示和求助信息，起到了重要的社会应急作用。

3. 实时互动

新媒体平台提供了丰富的实时互动功能，使得用户不仅可以被动地接收信息，还可以主动地参与讨论、评论、分享等互动活动。通过评论、转发、点赞等功能，用户可以与他人进行实时的互动和交流，分享自己的看法和观点，形成多元化的舆论场。这种双向的交流模式增强了用户参与感和归属感，促进了信息的广泛传播和深度交流。例如，在热门话题下的评论区，用户可以即时看到其他用户的评论和回复，与他人展开讨论和辩论，形成集体智慧和共识，推动信息的进一步传播和演进。

（三）多向互动发达

1. 用户参与程度高

第一，社交媒体平台的兴起极大地拓展了用户参与的渠道和方式。通过微博、微信、脸书（Facebook）等社交媒体平台，用户可以轻松地创建个人账号，随时随地发布、分享自己的观点、感受和体验。这些平台为用户提供了一个开放、自由的信息交流空间，使得用户能够自由地表达自己的想法，与其他用户进行互动和交流。

第二，用户生成内容的兴起进一步推动了用户参与程度的提升。在新媒体时代，用户不仅仅是信息的接收者，更是信息的创造者和传播者。通过博客、视频网站、社交媒体等平台，用户可以分享自己的生活、经历、见解，甚至创作独立的原创内容。这种用户生成内容的模式不仅丰富了信息的来源和内容，也增加了用户之间的互动和交流。

第三，新媒体平台提供的多样化互动功能也为用户参与提供了更多的可能性。用户可以通过评论、点赞、分享等方式与其他用户进行交流和互动，表达自己的观点和情感。这种双向的交流模式不仅拉近了用户与用户之间的距离，也促进了信息的传播和共享，形成了一个开放、共生的信息生态系统。

2. 媒体与受众关系变迁

新媒体时代，媒体与受众之间的关系发生了根本性的变化。传统媒体往往是权威的、单向的信息传播者，而新媒体的兴起打破了这种单向传播的模式，使得媒体与受众之间建立了更加互动、共生的关系。通过社交媒体平台，用户可以直接向媒体表达自己的看法、意见和建议，而媒体也更加重视用户的反馈和互动，积极参与到与受众的互动中来。这种变迁不仅拉近了媒体与受众之间的距离，也提升了信息传播的质量和效率，促进了公众舆论的形成和民主化。

3. 信息传播的平等化

新媒体平台为每个人提供了平等传播的机会，无论是个人用户还是机构、组织，都可以通过新媒体渠道传播信息。在传统媒体时代，由于媒体资源的相对稀缺性，信息的传播往往受到了一定的控制和限制，使得信息传播的平等性受到了影响。而在新媒体时代，任何人都可以成为信息的发布者和传播者，不受制于传统媒体的垄断和控制，信息传播的平等化得到了有效地实现。这种平等化的特性使得信息传播更加民主化和多样化，有利于促进社会信息的丰富性和多样性，推动社会的进步和发展。

（四）内容形式丰富多样

1. 多媒体信息传播

新媒体的兴起不仅拓展了信息传播的方式，更加丰富了信息的表现形式，使得传播的内容更加生动、感染力更强。传统媒体主要以文字为主要形式进行信息传播，而新媒体则在文字的基础上融入了图片、视频、音频等多种形式，构建了更为多样化的多媒体传播平台。

第一，图片作为一种直观、生动的表现形式，能够迅速吸引用户的注意力，传递信息更为直观、快速。通过图片，人们可以一目了然地了解事件的发生过程、场景的氛围、人物的表情等，使得信息更加生动、形象化。而在新媒体时代，图片的传播范围更加广泛，用户可以通过社交媒体平台分享自己拍摄的照片，或者浏览其他用户分享的图片，从而获得更多元化的信息体验。

第二，视频作为一种视听结合的表现形式，具有更强的感染力和表现力。通过视频，人们可以通过听觉和视觉双重感知来获取信息，使得信息更加直观、生动。在新媒体时代，视频的传播途径更加便捷，用户可以通过各种视频平台观看来自世界各地的视频内容，从而获得更加多元化的信息体验。同时，视频的制作门槛降低，智能手机的普及使得任何人都可以轻松地拍摄和分享视频，进一步促进了视频内容的传播和交流。

第三，音频作为一种具有情感共鸣和沟通效果的表现形式，在新媒体时代也得到了广泛应用。通过音频，人们可以通过听觉感知来获取信息，使得信息传播更加贴近人们的生活和情感。在新媒体时代，音频的传播形式更加丰富，用户可以通过播客、网络广播等平台收听和分享音频内容，从而获得更加多样化的信息体验。

2. 信息内容个性化

新媒体平台的个性化推荐系统是一项重要的功能，它通过分析用户的行为、偏好和历史数据，为用户提供与其兴趣相关的信息内容。这种个性化服务不仅提高了用户的满意度和粘性，也为信息传播和内容生产带来了全新的挑战和机遇。

第一，个性化推荐系统通过分析用户的浏览记录、点赞、评论等行为数据，建立用户画像和兴趣标签，从而深入了解用户的偏好和需求。基于这些数据，系统可以精准地向用户推荐感兴趣的内容，提高了用户获取信息的效率和准确性。例如，在社交媒体平台上，用户通过关注感兴趣的话题、用户或主题标签，系统会根据用户的关注列表和行为记录向其推荐相关的内容，使得用户可以更快地获取到自己感兴趣的信息。

第二，个性化推荐系统利用算法和机器学习技术不断优化推荐结果，提高了推荐的准确性和个性化程度。通过分析用户的历史行为和偏好，系统可以不断调整推荐算法，提高用户对推荐内容的满意度。例如，通过协同过滤、内容分析和深度学习等技术，系统可以更精准地预测用户的兴趣和行为，从而为用户提供更加个性化、符合其需求的内容推荐。

第三，个性化推荐系统还可以促进内容生产和创新，为内容提供者提供更广阔的展示平台和更多的机会。通过分析用户的偏好和需求，内容创作者可以更好地了解受众的需求，创作出更具吸引力和影响力的内容，从而增加了内容的传播和影响力。同时，个性化推荐系统也为内容生产者提供了更多的曝光和推广机会，帮助他们更好地吸引和留住受众。

3.跨平台传播

跨平台传播是新媒体时代的一个显著特征，它使得信息可以在不同的数字化平台上进行传播和共享，用户可以通过多种渠道获取同一信息，从而增强了信息的传播广度和覆盖范围。这种现象不仅改变了信息传播的方式和模式，也对媒体生态和用户行为产生了深远影响。

第一，跨平台传播扩展了信息传播的广度和覆盖范围。在传统媒体时代，信息传播主要依赖于单一的媒体平台，例如报纸、电视、广播等。而在新媒体时代，信息可以同时在多个数字化平台上进行传播，如社交媒体、视频平台、博客等，用户可以通过不同的渠道获取同一信息。这种跨平台传播使得信息可以更广泛地传播到不同的受众群体中，提高了信息的传播效率和覆盖率。

第二，跨平台传播加强了信息的互动和互联性。在新媒体时代，用户可以通过多种渠道获取信息，并且可以进行跨平台的互动和分享。例如，用户可以在社交媒体上分享来自视频平台的视频内容，或者在博客上引用其他媒体平台的新闻报道。这种跨平台的互动和分享使得信息在不同的数字化平台上产生交叉影响，加强了用户之间的交流和互动。

第三，跨平台传播也对媒体生态和内容生产产生了影响。在新媒体时代，媒体平台之间的竞争日益激烈，内容生产者需要在不同的平台上进行内容生产和发布，以吸引更多的受众和用户。这种竞争也促进了内容生产的多样化和创新，推动了内容生产者不断提升内容质量和创意水平，以适应跨平台传播的需求。

（五）不可控因素较多

1. 信息来源不透明

在新媒体平台上，信息的来源不透明是一个普遍存在的问题。相较于传统媒体，新媒体平台具有更加开放的信息发布机制，任何人都可以匿名或使用虚假身份发布信息，这导致了信息的真实性和可信度难以确定。这种不透明性给信息消费者带来了一系列挑战和困扰。

第一，信息来源不透明导致了信息的真实性受到质疑。在新媒体平台上，用户无法准确确认信息的发布者身份和信息的来源，无法判断信息是否真实可信。这给虚假信息、谣言和不实传闻的传播提供了便利条件，降低了信息的可信度和可靠性。

第二，信息来源不透明增加了用户对信息的辨别和筛选难度。面对海量的信息流，用户很难准确判断信息的真实性和可信度，容易被误导或受到不良信息的影响。这使得用户需要花费更多的时间和精力去筛选和验证信息，增加了信息消费的成本和风险。

第三，信息来源不透明也降低了信息传播的效率和效果。由于用户无法准确判断信息的真实性，可能会对信息持怀疑态度或选择忽略，导致信息传播的阻碍和信息效果的削弱。这影响了信息的传播效率和传播效果，阻碍了信息在社会中的流通和传播。

2. 信息传播速度快

新媒体时代的信息传播速度之快，前所未有地改变了信息传播的格局和规律。在传统媒体时代，信息的传播通常需要经过编辑、审核等环节，时间较为耗时，而在新媒体时代，信息可以在几秒钟内通过互联网平台传播到全球各地，实现了即时的信息传递和交流。这种传播速度的飞快，极大地提高了信息的传播效率和效果，但也带来了一系列挑战和问题。

第一，快速的信息传播使得虚假信息和谣言更易于在网络中传播。由于信息传播的速度迅猛，一条不经核实的虚假信息往往会在短时间内迅速扩散开来，导致不良影响。这给社会稳定和秩序带来了挑战，甚至可能引发公共恐慌和社会动荡。

第二，信息传播的快速性也增加了信息的传播噪声和干扰。大量信息的快速涌入，使得用户难以从中筛选和辨别出有价值的信息，容易被淹没在信息海洋中。这降低了信息的质量和可信度，影响了用户获取有效信息的能力和效果。

第三，快速的信息传播也增加了信息传播的失控风险。一旦一条虚假信息在网络中广泛传播，即使后来被证实是假的，也很难及时控制和消除其影响。这会导致信息传播的滚雪球效应，进一步加剧了信息传播的混乱和失序。

3. 社会舆论影响力

第一，新媒体平台的开放性和广泛性使得舆论在这里更加自由流动和表达，而且传播速度极快，一条信息甚至可以在短时间内引发广泛的关注和讨论。这种快速传播的特性使得新媒体平台成为舆论热点和话题的聚集地，有时甚至可以引发社会上的热议和争议。

第二，新媒体平台的互动性和多样性使得舆论影响力更加丰富和多元化。在传统媒体时代，舆论主要是通过传统媒体的单向传播实现的，而在新媒体平台上，用户可以自由地发布、评论、分享信息，形成了一种多元化、互动式的舆论表达模式。这种模式下，每个用户都可以成为舆论的一部分，发挥自己的影响力和作用，从而增强了舆论的广泛性和影响力。

第三，新媒体平台的匿名性和虚拟性也增加了舆论影响力的不确定性。在新媒体平台上，用户可以选择匿名身份发布信息，甚至可以使用虚假身份进行舆论操作，这使得舆论的真实性和可信度难以确定。一些恶意操作者甚至可以利用这种匿名性和虚假性散布谣言、造谣生事，从而对社会稳定和秩序造成一定的影响和破坏。

四、新媒体的发展

根据《第 50 次中国互联网络发展状况统计报告》（以下简称《报告》），截至 2022 年 6 月，我国网民数量为 10.51 亿，与 2021 年 12 月相比，增长了 1919 万人；人均上网时长为 29.5 小时 / 周，与 2021 年 12 月相比，增长了 1.0 小时；各类应用多达 232 万款，其中，即时通信、网络视频、短视频类应用使用率最高，分别为 97.7%、94.6%、91.5%，与 2021 年 12 月相比，增幅分别为 2.0%、2.1%、3.0%[1]。虽然《报告》并未统计大学生群体的上网偏好，但青少年用户所青睐的网络音乐、网络直播、网络游戏、网络文学类应用的使用率分别为 69.2%、68.1%、52.6% 及 46.9%。

《报告》以各类应用的用户规模、使用率为基准进行排序，在前十五名中没有任何一款学习类 App。与网络视频、网络音乐等休闲类应用的海量用户相比，足以证明青少年群体的网络行为表现出显著的"泛娱乐化"特征。同时，以人均每周 29.50 小时的上网时间来算（事实上，大学生群体的人均上网时间极有可能高于人均值），大学生人均上网时间约为 4.21 小时 / 天。当然不能据此就认为大学生网络行为都是"不务正业"，但他们用于学习、锻炼、休息的时间被极大地压缩也是事实。在这种情况下，教育和引导大学生合理分配上网时间就显得尤为重要。

（一）新媒体发展进入大数据时代

所谓大数据，或称巨量数据集合，是指统计数据包含信息内容极大，以至于市面上普通的数据处理软件无法运算出有效结果，更难以将其整理为可用于做出正确决策的资讯。当今时代，大数据对经济、社会的发展与进步以及国家管理的优化等方面都有着无可比拟的优越性。由此可见，社会各界都希望能把握信息时代的脉搏，充分利用数字媒体技术，融入大数据时代，并借此实现跨越式发展和突破式创新。

新媒体是当今时代传媒行业发展的风向标，随着新媒体向"大数据"时代的阔步迈进，所有媒体都无法忽视大数据的价值。大数据不仅在技术上为新媒体提供了支持，更在发展策略的制定上为新媒体提供了数字量化的依据。面对大数据时代的发展前景，我们必须采取正确的措施对其加以长远部署和扎实推

1　CNNIC 发布第 50 次中国互联网络发展状况统计报告 [EB/OL].（2022 -08 -31）[2023-07-31].http：// www.cnnic.cn/n4/2022/0916/c38-10594.html.

进，只有这样我们才能在未来时代赢得主动权。但我们也必须清醒地认识到新媒体发展进入大数据时代仍面临诸多问题与限制，必须正确面对并有效解决，从而保证新媒体的长期健康发展。

（二）新媒体更加广泛地渗入人类社会生活

目前，数字技术愈加得以完善和普及，快速、全面地渗透到了人们社会生活之中。

1. 数字技术对人与人、人与物的关系的影响

数字技术的快速发展使得人类社会生活进入了数字化时代，人与人之间的交流与联系得到了进一步加强。社交媒体平台、即时通信工具等新媒体形式的出现，使得人们可以随时随地通过网络进行信息交流和社交互动。这种即时性和便捷性大大促进了人与人之间的沟通和联系，拉近了人与人之间的距离，打破了传统时间和空间的限制。人们可以通过社交媒体平台分享生活点滴、表达观点看法，从而增进了彼此的了解和交流。

同时，数字技术也在深刻改变着人与智能化的物之间的关系。物联网的发展使得物品之间可以通过互联网进行信息交换和互动，实现了物之间的智能化连接和互通。智能家居、智能交通、智能医疗等领域的快速发展，使得人们的生活更加便利和智能化。人们可以通过智能手机、智能手表等设备控制家庭设备，监测健康数据，实现生活的自动化管理和智能化运作。

2. 新媒体与物联网的相互促进

新媒体与物联网的发展相辅相成、相互促进，共同推动着人类社会生活的数字化和智能化进程。新媒体作为物联网的终端操控工具，为人们提供了便捷的信息获取和社交互动平台。通过智能手机、平板电脑等移动终端设备，人们可以随时随地访问互联网，获取各种信息和服务，实现信息的即时传递和交流。而物联网的发展为新媒体提供了更广阔的应用场景和服务领域，将新媒体的应用延伸到了智能家居、智能交通、智能医疗等领域，丰富了人们的生活体验和社会服务。

另外，新媒体的发展也促进了物联网技术的创新和应用。随着新媒体用户规模的不断扩大和应用场景的不断丰富，对物联网技术提出了更高的要求和挑战。物联网技术在满足用户需求的同时，也在不断创新和改进，推动了智能硬

件、传感器技术等领域的发展，为新媒体的应用提供了更加强大和可靠的技术支持。

3. 新媒体对社会生活的影响和作用

新媒体作为信息传播和社会交流的重要载体，对人们的社会生活产生了深远的影响和作用。

首先，新媒体为人们提供了更加广泛和多样化的信息来源和社交平台。通过社交媒体平台、新闻客户端等新媒体渠道，人们可以获取到丰富多样的信息内容，了解国内外时事动态，分享生活感悟，拓展社交圈子，满足个性化的信息需求。这种信息的多样性和即时性，促进了社会的信息流通和知识共享，加深了人们之间的交流和理解。

其次，新媒体也成了社会变革和民主化进程的推动力量。通过互联网和社交媒体等新媒体平台，民众可以自由表达观点、参与讨论，形成舆论场，对社会问题进行监督和批评。这种公共空间的开放性和民主性，使得民众能够更加直接地参与到社会事务中来，促进了民主意识和公民参与意识的提升。在一些重大社会事件和公共议题上，新媒体的发声和呼应往往能够引起社会的广泛关注和讨论，推动舆论的形成和政策的调整，进而影响着社会的发展和进步。

最后，新媒体也为社会提供了更加便捷和高效的信息传播和服务方式。通过互联网、移动应用等新媒体平台，政府、企业、组织可以向公众发布信息、提供服务，实现信息的快速传播和反馈。这种信息的及时性和透明度，提高了社会资源的配置效率，促进了社会治理的现代化和精细化。同时，新媒体还为商业活动和经济发展提供了新的机遇和模式，推动了经济的数字化转型和创新发展。

（三）移动互联网将进一步改变新媒体的发展态势

移动互联网的兴起正在深刻改变着新媒体的发展态势。随着移动互联网技术的不断成熟和普及，越来越多的用户通过手机、平板电脑等移动终端获取网络服务，从而呈现出一系列新的发展趋势和特点。

第一，移动互联网的普及为新媒体带来了更广阔的受众群体。通过 WiFi（无线网络通信技术）的铺设范围越来越广、价格越来越低，以及移动设备的不断普及，越来越多的人可以随时随地接入互联网，享受到移动互联网带来的便利。这使得新媒体在传播信息、传递价值观念等方面具有了更广泛的影响力和覆盖面。

第二，互联网和移动增值业务的不断完善为移动互联网用户提供了更丰富的服务和体验。随着互联网技术的发展和应用，以及移动应用的不断涌现，用户可以通过手机应用程序获取各种各样的信息和服务，包括新闻资讯、社交娱乐、在线购物等。这些服务的丰富多样化使得移动互联网成为用户生活中不可或缺的一部分。

第三，移动互联网的发展推动了新媒体向个性化和人性化的方向发展。多样化的智能终端为用户提供了多元化的上网选择，用户可以根据自己的兴趣爱好和需求选择适合自己的应用和服务。同时，移动互联网还为用户提供了个性化推荐和定制化服务，使得用户能够更加方便快捷地获取到他们感兴趣的信息和内容。

第二节　新媒体与大学生的关系

一、大学生特点

（一）学生目标与旋转相互交织

1.高校学生的目标和选择存在交互影响

（1）世界观方面的困惑

高校学生在接受大学教育的过程中，往往会面临世界观方面的困惑。他们身处一个充满多样性和挑战的社会环境中，不同学科、不同文化的碰撞与交流使得他们对世界的认知和理解不断发生变化。有的学生可能会因此产生对自我定位和未来规划的困惑，不清楚自己在这个复杂多变的世界中应该如何抉择和前行。

（2）价值观困惑

在大学校园里，学生可能会受到来自不同文化、不同背景的价值观影响，而这些价值观可能与其原有的观念相悖。例如，传统的家庭观念与现代社会的个性追求之间的冲突，会使得学生陷入价值观的困惑之中，不知道如何取舍。

（3）专业选择困惑

面对众多的专业选择，一些学生可能会陷入专业选择困惑中。他们可能会受到家庭、社会等多方面的影响，而难以确定自己的兴趣和擅长领域，导致在专业选择上犹豫不决，缺乏明确的方向。

（4）道德方面困惑

大学生在成长过程中，往往会面临道德方面的困惑。他们可能会面对一些伦理、道德上的抉择，如何在社会与个人之间找到平衡点，如何面对诱惑和困难等问题，都是需要思考和解决的。

2. 高校学生理想主义和现实主义之间存在过大差异

（1）理想主义与现实主义的冲突

在大学阶段，许多学生怀揣着理想和憧憬，希望通过自己的努力实现远大的目标。然而，随着现实的考验和挑战，一些学生可能会逐渐意识到理想与现实之间存在着巨大的差距，导致理想主义与现实主义之间的冲突和矛盾。

（2）理想与现实的调和

面对理想与现实之间的差距，一些学生可能会感到困惑和失落，甚至丧失信心。然而，理想主义与现实主义并非彼此对立，而是相辅相成的。学生需要学会在追求理想的同时，也要注重现实的考量和实践，通过不断努力和实践，逐步实现自己的理想，并与现实保持平衡。

3. 高校学生自制力方面不足

（1）大学生心理状态的变化

大学生在校园生活中经历着心理状态的变化。刚刚进入大学校园时，他们可能会充满期待和兴奋，但同时也会感到一定的迷茫和困惑。随着时间的推移，他们逐渐适应了大学的学习和生活环境，心理状态也会有所变化。

（2）自制力的不足

然而，一些大学生在面对自由和独立的大学生活时，可能会出现自制力不足的情况。他们可能会因为缺乏自我约束而导致学习和生活上的问题，如旷课、荒废学业、沉迷游戏等，影响到自己的发展和成长。

（3）社会思想的侵蚀

此外，一些大学生可能会受到社会思想的侵蚀，过早地接触到社会的各种负面因素，导致其心智不稳定，容易受到外界因素的影响，缺乏自我保护意识和自制力。

（二）缺乏团队精神

目前很多大学生都是在计划生育时代出生的，大多都是独生子女，受到家长的溺爱，比较重视个性的展示，也喜欢任何事情都要以自我为中心，不会考虑到其他人的感受，所以团队精神比较匮乏。

1. 家庭教育和社会环境对团队精神的影响

（1）家庭教育的溺爱与个性展示

在计划生育时代出生的大学生往往是家庭中的独生子女，受到父母的过度溺爱。在这种环境下长大的孩子往往习惯于将自我放在中心位置，重视个性的展示。由于没有兄弟姐妹与之分享资源和关注，他们更加倾向于独立思考和行动，而缺乏与他人合作的经验。

（2）社会环境的影响

受到改革开放带来的影响，这一代大学生成长于物质丰富、信息发达的社会环境中。他们从小就享受到了现代化带来的便利和舒适，形成了比较前卫的消费观念。这种消费主义的氛围也进一步强化了个人主义和自我中心的倾向，使得团队精神的培养面临更大的挑战。

（3）个性突出与众不同的追求

由于社会、媒体以及家庭教育的影响，这一代大学生普遍个性突出，追求与众不同。他们希望通过言谈举止来展现自己独特的个性和特点，因此对于团队合作和协调往往缺乏足够的兴趣和动力。

2. 职业选择和个人目标的影响

（1）就业观念的转变

受到当今社会价值观的影响，这一代大学生普遍不再将科学家等传统职业视为首选，而更倾向于选择商业领域或创业。他们希望通过经商成为成功的企业家，追求在短时间内获取更多的财富和地位。

（2）个人目标的追求

这一代大学生往往将个人的发展和成就放在首位，追求个人目标的实现。他们希望通过自己的努力获得更多的物质财富和社会地位，而团队合作往往被他们视为实现个人目标的手段，而非目标本身。

（3）对团队精神的认知

由于个人目标的突出，这一代大学生对团队精神的认知往往比较模糊。他们可能认为个人能力的发挥更为重要，而忽视了团队合作在实现共同目标方面的重要性。这种认知上的偏差导致了团队精神的匮乏和个人主义的盛行。

（三）反叛意识强

1.对传统校园生活的反叛态度

（1）观念的独立与敢想敢干

当代大学生具有自己独特的思想观念，他们更加倾向于独立思考和行动，不甘受传统观念的束缚。他们敢于挑战传统，追求个性化的生活方式和发展路径。在他们看来，以往的大学生活可能显得单调乏味，缺乏新意和活力，因此对传统的三点一线生活不以为然，反而寻求更加多元化和富有创意的生活方式。

（2）对校园管理制度的不适应

一些当代大学生难以适应传统的校园管理制度，他们可能认为这种约束度较高的管理方式限制了个人的发展和自由。他们倾向于自由自在地生活和表达自己的观点，而不愿受到严格的规定和限制。因此，他们可能会对校规校纪持有抵触情绪，甚至采取反抗或抗拒的态度。

2.对规章制度和法律的冷漠态度

（1）规章制度和法律制度的冷漠

部分当代大学生可能对规章制度和法律制度持有过多的冷漠态度。他们可能认为这些制度限制了个人的自由和权利，不愿意受到其约束。这种冷漠可能源于对权威和传统权力的质疑，也可能是对现行制度的不满和反抗的表现。这种态度可能会导致一些学生不重视校园规章制度的执行，甚至违反校规校纪或法律法规。

（2）存在早恋、性行为等问题的反叛表现

一些当代大学生可能通过早恋、性行为等方式来表现自己的反叛意识。他们可能认为这是一种挑战传统道德观念和规范的行为，以此来彰显自己的个性和独立性。然而，这种反叛表现往往会给个人带来负面影响，影响其学业和健康发展。

（四）依赖网络

由于这一代大学生的成长是与我国的互联网高速发展同时进行的，所以手机、网络成为他们生活中的必需品，对于媒体的熟悉程度要远远高于以上的几代人，同时也受到了家长、学校甚至社会对于他们较高期待的压迫，他们也更加喜欢使用网络与人交流，所以网游成为首选的慰藉、表达自信的方式，网络中的很多信息对于他们的价值观、生活、学习造成很大的影响，且有相当一部分的大学生受到不良网络的侵蚀，不愿意再投入到学习中。

1.对网络的依赖与使用习惯

（1）互联网作为生活必需品

这一代大学生成长于互联网高速发展的时代，手机和网络已经成为他们生活中不可或缺的必需品。与之前的几代人相比，他们更加熟悉并依赖于互联网和数字技术，对媒体的使用和了解程度远远超过以往。

（2）对网络交流的偏好

受家庭、学校和社会对他们的期待压力影响，这一代大学生更倾向于使用网络与人进行交流。他们更喜欢通过社交媒体、即时通信工具等网络平台表达自己的想法和情感，因此网络已成为他们主要的社交和表达方式之一。

（3）网络娱乐的首选

在这一代大学生中，网络游戏成为他们首选的娱乐方式之一。网络游戏不仅是一种放松和娱乐的手段，也是他们表达自我、展示个性和获取成就感的途径。因此，他们常常将大量时间投入到网络游戏中，以获得情感上的满足和自我肯定。

2.网络信息对大学生的影响与挑战

（1）网络信息对价值观的影响

大学生广泛接触的网络信息对他们的价值观产生重要影响。他们通过网络获取各种信息，包括新闻、社交媒体内容、网络视频等，这些信息可能会塑造他们的世界观、人生观和价值取向。然而，网络上存在着大量信息的碎片化和不确定性，使得大学生容易受到虚假信息、负面情绪和不良价值观的影响。

（2）不良网络对学习和生活的影响

部分大学生受到不良网络内容的侵蚀，过度沉迷于网络游戏、网络直播等娱乐活动，导致学习效率下降、生活失去规律。他们可能面临着学业压力增加、人际关系疏远、生活质量下降等问题，影响到个人的健康和发展。

二、新媒体对大学生生活的影响

新媒体在当今大学生的生活中扮演着日益重要的角色，对其生活的方方面面都产生了深远的影响。

（一）新媒体为大学生提供了丰富多彩的信息资源和娱乐内容

通过社交媒体、视频平台、新闻客户端等新媒体渠道，大学生可以随时获取到最新的资讯、学术论文、娱乐节目等各类信息，丰富了他们的精神世界，拓宽了他们的视野。这种信息的获取方式更加便捷灵活，与传统媒体相比，新媒体的内容更新速度更快，覆盖面更广，使得大学生能够及时了解到世界各地的新闻动态和学术前沿，为其学习、研究和生活提供了重要支持。

1.新媒体提供的丰富信息资源

（1）社交媒体平台

社交媒体如微信、微博、抖音等成为大学生获取信息的重要途径。通过关注各种账号，他们可以获取到最新的社会热点、时事评论、各种生活技巧等丰富内容，同时还能与朋友、同学进行交流互动，拓展社交圈子。

（2）视频平台和直播平台

视频平台和直播平台为大学生提供了丰富的娱乐和学习资源。他们可以观看各种类型的视频内容，包括搞笑视频、美食分享、学术讲座等，还可以通过直播平台观看游戏直播、美妆教程等内容，满足不同的娱乐和学习需求。

（3）新闻客户端和网站

新闻客户端如今日头条、新浪新闻等，以及各大新闻网站，为大学生提供了即时的新闻报道和深度的专题报道。他们可以通过这些平台获取到国内外的时事新闻、财经资讯、科技前沿等内容，了解世界动态，提升信息素养。

2.新媒体的视野拓展功能

（1）实时更新的资讯

新媒体的特点之一是信息的实时性，大学生可以随时随地通过手机等设备获取最新的资讯，了解国内外的新闻动态、时事评论、学术研究成果等，帮助他们跟上时代潮流，增强信息敏感性。

（2）多样化的内容形式

新媒体提供了多种形式的内容，包括文字、图片、视频、直播等，大学生可以根据自己的兴趣和需求选择适合自己的阅读和观看方式，丰富了他们的学习和娱乐体验。

（3）学术前沿和行业动态的了解

通过关注学术机构、专家学者的公众号和账号，大学生可以获取到最新的学术研究成果和行业发展动态，拓宽自己的学术视野，为未来的学习和职业规划提供参考。

（二）新媒体也对大学生的社交与交流产生了深远的影响

随着社交媒体的普及和应用，大学生之间的交流方式发生了巨大变化。他们可以通过微信、微博、QQ 等社交平台实现即时通信、分享生活瞬间、组织活动等，构建起了一个虚拟的社交空间。这种线上社交的便利性和高效性使得大学生之间的交流更加频繁和密切，加强了彼此之间的联系和沟通。

1. 社交媒体的普及与应用

（1）社交平台的便利性

社交媒体如微信、微博、QQ 等已成为大学生日常生活中不可或缺的一部分。这些社交平台提供了即时通信的功能，使得大学生可以随时随地与朋友、同学进行交流，分享彼此的生活动态和心情，加强了彼此之间的联系。

（2）生活瞬间的分享

通过社交媒体，大学生可以轻松地分享生活中的瞬间，包括各种趣事、美食、旅行经历等。这种分享不仅拉近了大学生之间的距离，也让他们更加了解彼此的生活和兴趣爱好，促进了交流和交友。

（3）活动组织与参与

社交媒体还为大学生提供了组织和参与各种活动的平台。通过建立群组或发布动态，大学生可以邀请同学参加聚会、比赛、志愿活动等，增强了团队合作意识和社会责任感。

2. 线上社交的优势与特点

（1）高效便捷的交流方式

与传统的面对面交流相比，社交媒体提供了更为高效便捷的交流方式。大学生可以通过文字、图片、语音等多种形式进行交流，节省了时间和精力，使得交流更加直接和简便。

（2）跨地域、跨文化的交流机会

社交媒体打破了地域和文化的限制，使得大学生可以与世界各地的人进行交流。他们可以结识来自不同地区、不同文化背景的朋友，了解不同地方的风土人情，拓宽了自己的视野和思维。

（3）丰富多彩的社交圈子

通过社交媒体，大学生可以扩大自己的社交圈子，结识更多志趣相投的朋友。他们可以加入不同的兴趣群组或关注不同的公众号，与志同道合的人进行交流互动，丰富了自己的社交生活。

（三）新媒体也在改变着大学生的学习和思考方式

通过在线教育平台、学术论坛、电子图书馆等新媒体资源，大学生可以进行自主学习和知识获取，打破了传统教育的时间和空间限制。他们可以随时随地通过网络获取到各种学习资料和课程资源，进行个性化学习和自主探究。

1.新媒体资源的学习便利性与个性化

（1）在线教育平台的普及

随着新媒体的发展，各种在线教育平台如MOOC（大规模开放在线课程）、知识付费平台等不断涌现，为大学生提供了丰富的学习资源。这些平台上有各种专业课程、教学视频、在线讲座等，大学生可以根据自己的兴趣和需求选择学习内容，实现自主学习，打破了传统教育的时间和空间限制。

（2）学术论坛与电子图书馆的利用

新媒体还为大学生提供了参与学术讨论和获取学术资源的平台。他们可以通过学术论坛、在线期刊、电子图书馆等渠道获取到最新的学术成果和研究资料，加深对专业知识的理解和掌握。这种自主获取学术资源的方式有助于拓宽学生的学术视野，促进学术交流与合作。

2.新媒体学习方式的优势与特点

（1）灵活自主地学习模式

新媒体学习方式具有灵活性和个性化特点，大学生可以根据自己的学习节奏和兴趣爱好安排学习时间和学习内容。他们可以随时随地通过网络获取到所需的学习资料，进行个性化学习和自主探究，提高了学习的效率和质量。

（2）拓展学术视野与交流机会

通过参与在线讨论、发表博客、参加学术会议等方式，大学生可以与国内外的学者专家进行深入交流和合作，拓宽了他们的学术视野。这种学术交流与合作不受地域和时间的限制，有利于促进学术研究和创新成果的产生，提升了大学生的学术能力和竞争力。

三、大学生对新媒体的认知与利用情况

大学生作为新媒体的主要受众之一，其对新媒体的认知和利用情况直接影响着其生活和学习。在当今数字化时代，大多数大学生都具有较高的新媒体认知水平，能够熟练使用各类新媒体平台进行信息获取、社交互动和学术交流。

（一）大学生对新媒体的认知水平普遍较高

随着新媒体的普及和发展，大学生对新媒体的认知逐渐提升。他们能够理解新媒体的概念和特点，熟悉各类新媒体平台的功能和使用方法，能够辨别不同类型的新闻信息，对网络信息的真实性和可信度有一定的判断能力。大学生对新媒体的认知水平不仅体现在对常见新媒体工具的熟练应用上，还表现在对新媒体发展趋势和未来发展方向的关注和思考上。他们能够及时了解到新媒体领域的最新动态和前沿技术，积极参与到新媒体的创新和发展中来。

（二）大学生对新媒体的利用情况丰富多样

在日常生活中，大学生通过社交媒体平台、视频网站、新闻客户端等多种方式利用新媒体。他们通过社交媒体平台与朋友、同学和家人保持联系，分享生活、表达观点，参与各种社交活动。同时，大学生也通过视频网站观看影视剧、视频博客等内容，获取娱乐和知识。在学术方面，大学生利用新媒体平台搜索学术论文、参与学术讨论、发布学术成果等，促进学术交流和合作。此外，大学生还通过新闻客户端等渠道获取时事新闻、国内外资讯，了解社会热点和行业动态，丰富自己的知识储备。

1. 社交媒体平台的应用

（1）保持社交联系与分享生活

大学生在当今社会广泛利用社交媒体平台，如微信、QQ、微博等，与朋

友、同学和家人保持联系。这一现象不仅是技术发展和社会变迁的产物，更是大学生自身社交需求和生活方式的体现。通过这些社交媒体平台，大学生可以随时随地与他人进行即时沟通，分享彼此的生活点滴和内心感受。

第一，社交媒体平台为大学生提供了一个便捷的社交渠道。无论身处何地，只要有网络连接，大学生都可以轻松地与朋友、同学和家人进行交流。这种即时性和便捷性极大地促进了人与人之间的沟通和联系，打破了地域限制，使得社交活动更加灵活多样化。第二，社交媒体平台也成了大学生展示自我的重要场所。通过发布动态、分享照片和视频等方式，大学生可以展示自己的生活状态，展现自己的兴趣爱好和个性特点。这种自我展示不仅是对他人的一种呈现，更是对自我的认知和肯定，有助于大学生树立自信心和自尊心，促进个人成长和发展。第三，社交媒体平台也成了大学生交流观点和情感的重要平台。在这里，大学生可以畅所欲言，表达自己的看法和情感，与他人分享自己的心情和想法。这种开放性和包容性的交流环境，有助于大学生释放压力，减轻心理负担，促进心理健康和情感交流。

（2）参与社交活动与群众互动

大学生利用社交媒体平台参与各种社交活动和群众互动，已经成为当今社会的一种普遍现象。这种行为不仅是一种社交需求的体现，更是大学生群体在网络时代积极参与社会活动、拓展人际关系的重要方式。

首先，大学生通过加入兴趣小组、社团群等，与志同道合的人分享兴趣爱好、参与讨论和活动组织。这些社交群体通常以特定的主题或兴趣为核心，吸引着一批有着相似爱好或专业领域的大学生。在这些群组中，大学生可以与他人交流学习经验、分享感悟，甚至共同策划和组织各种线上线下活动。这种群组互动不仅能够满足大学生的社交需求，还能够促进他们的个人成长和发展。其次，参与社交活动和群组互动可以扩大大学生的社交圈子，增加社交资源。在社交媒体平台上，大学生有机会结识来自不同地区、不同学校甚至不同国家的同龄人，拓展自己的人脉关系。这种多元化的社交圈子不仅能够让大学生接触到更广泛的思想和文化，还能够为他们未来的学习、工作和生活提供更多的可能性和机遇。最后，参与社交活动和群组互动也有助于大学生培养团队合作和组织管理能力。在各种线上线下社交活动中，大学生需要与他人协作、合作完成各种任务和项目。这种团队合作的经历不仅可以增强大学生的沟通协调能力，还能够培养他们的领导才能和组织管理技能，为他们未来的职业发展打下良好的基础。

2.视频网站的利用

（1）观看影视剧与视频博客

大学生通过视频网站观看各类影视剧和视频博客已经成为一种普遍的生活习惯。这种行为不仅是满足娱乐需求的方式，更是大学生获取知识和信息的重要途径。在这些视频平台上，大学生可以根据自己的兴趣和需求，选择观看各种不同类型的内容，从而拓宽自己的视野，提升综合素养。

首先，观看影视剧是大学生放松和娱乐的重要方式。随着生活节奏的加快和压力的增加，大学生往往需要通过观看影视剧来放松自己的身心，缓解压力。在视频网站上，大学生可以找到各种类型的影视剧，包括电影、电视剧、纪录片等，满足不同人群的娱乐需求。他们可以根据自己的兴趣选择观看内容，享受影视作品带来的视听盛宴，感受不同故事情节和人物性格的魅力。其次，观看视频博客是大学生获取知识和信息的重要途径。随着网络技术的发展和视频制作技术的提升，越来越多的人开始通过视频博客分享自己的知识和经验。在视频网站上，大学生可以找到各种各样的视频博客，涵盖了各个领域的知识和信息，如科学、技术、文化、艺术等。通过观看这些视频博客，大学生可以了解最新的科技发展、学习各种实用的技能、掌握学习方法和技巧，从而提升自己的学习能力和综合素养。最后，通过观看影视剧和视频博客，大学生还可以培养自己的审美情趣和文化素养。影视剧和视频博客不仅是娱乐和信息的载体，更是艺术和文化的表现形式。通过欣赏优秀的影视作品和视频内容，大学生可以感受到不同文化背景下的艺术表达和思想观点，提升自己的审美能力和文化素养，拓宽自己的文化视野。

（2）学习与分享知识

教育类视频网站成为他们获取各种知识和技能的重要渠道。这些网站提供了丰富多样的学习资源，涵盖了学科知识、职业技能等各个领域，为大学生的学习和成长提供了强有力的支持。

首先，大学生通过观看教育类视频，提高自己的学术水平。这些视频涵盖了各种学科知识，包括但不限于数学、语言、历史、地理、科学等。大学生可以根据自己的学习需求和兴趣选择相应的视频进行观看，从而扩展自己的知识面，加深对学科内容的理解和掌握。这种自主学习的方式不仅让大学生在学术上取得进步，还培养了他们的自学能力和独立思考能力。其次，大学生通过观看教育类视频，提升自己的职业能力。现代社会对人才的需求越来越高，大学生需要不断提升自己的就业竞争力。教育类视频网站上的职业技能课程涵盖了各种行业的实用技能和就业指导，如编程、设计、营销、管理等。大学生可以通过观看这些视频，学习到实用的职场技能和求职技巧，为自己未来的就业和职业发展打下坚实的基础。最后，大学生还通过分享知识和经验，与他人进行交流和互动。一些优秀的大学生或专业人士会在视频网站上分享自己的学习经验、工作心得、行业见解等内容，为其他人提供了宝贵的学习资源和参考资料。大学生可以通过观看这些分享视频，了解他人的成功经验和教训，从中汲取经验，启发自己的思考，促进自己的成长和发展。

3. 学术平台的应用

（1）搜索学术论文与资料

大学生利用学术平台进行学术论文和资料搜索，已成为他们学术研究和课程论文写作的重要途径。这一行为不仅为他们获取了相关研究成果和学术资源，而且拓宽了他们的学术视野和研究深度，具有重要的学术价值和实践意义。

首先，通过学术平台搜索学术论文和资料，大学生能够及时获取到最新的研究成果和学术资源。随着科学技术的不断发展和学术研究的不断深入，新的研究成果和学术资料不断涌现，而学术平台作为信息检索的重要工具，为大学生提供了一个便捷高效的获取渠道。无论是在课程论文写作还是在学术研究过程中，大学生都可以通过学术平台找到与自己研究方向相关的文献和资料，从而及时了解最新的研究动态，为自己的学术工作提供重要参考。其次，通过学术平台搜索学术论文和资料，大学生能够拓宽自己的学术视野和研究深度。在学术研究和论文写作过程中，了解和引用前人的研究成果是必不可少的。学术平台上汇集了丰富多样的学术资源，涵盖了各个学科领域的重要文献和研究成果，为大学生提供了一个全面了解和探索学术前沿的平台。通过阅读和引用相关文献，大学生不仅可以加深对研究问题的理解，还可以拓展自己的研究思路，提高论文的学术水平和研究深度。最后，通过学术平台搜索学术论文和资料，大学生还可以培养自己的信息检索和文献综述能力。在信息爆炸的时代，如何快速准确地获取所需信息，成为每个大学生必备的能力之一。学术平台提供了丰富的检索工具和筛选条件，大学生可以根据自己的需求和兴趣，精准搜索相关文献和资料。通过不断地搜索和阅读，大学生可以逐渐提高自己的信息检索能力和文献综述能力，为未来的学术研究和职业发展打下坚实的基础。

（2）参与学术讨论与交流

通过学术平台的论坛、博客等功能，大学生可以参与学术讨论和交流，分享自己的研究成果和观点，与国内外的学者专家进行深入交流和合作。这种学术交流和合作有助于提升学生的学术能力和研究水平。

4. 新闻客户端的使用

（1）获取时事新闻与行业动态

大学生通过新闻客户端获取时事新闻和行业动态，已成为其获取信息、了解社会状况的重要途径。这种方式不仅能够满足他们对时事新闻和行业发展的好奇心，还可以帮助他们提升综合素养和专业知识，为未来的学习和职业发展奠定基础。

首先，新闻客户端为大学生提供了一个便捷快速获取时事新闻和国内外资讯的渠道。今日头条、腾讯新闻等知名客户端汇聚了来自全球各地的新闻报道和信息资讯，覆盖范围广泛，更新速度快，内容丰富多样。大学生可以通过这些客户端随时随地获取到最新的时事新闻和行业动态，了解社会热点和行业发展趋势，保持对社会变化的敏感度和洞察力。其次，通过新闻客户端获取时事新闻和行业动态有助于大学生提升自己的综合素养和专业知识。时事新闻报道涉及政治、经济、社会等各个领域，通过阅读时事新闻，大学生可以了解国家政策、社会事件、国际形势等重要信息，提高自己的综合素养和社会责任感。同时，通过关注行业动态，大学生可以了解各行业的发展现状、趋势和前景，为未来的职业规划和就业方向提供参考和指导。最后，新闻客户端还为大学生提供了一个交流和分享信息的平台。大学生可以通过评论、分享等方式与他人交流观点、分享见解，扩大自己的社交圈子，拓展人脉资源。这种交流和分享不仅有助于促进信息传播和知识共享，还可以促进学生之间的互动和交流，培养他们的团队合作意识和社会交往能力。

（2）分享观点与参与评论

在新闻客户端中分享观点和参与评论已经成为大学生日常生活的一部分。通过评论区或社交媒体平台，大学生可以表达自己对新闻事件、社会现象以及行业动态的看法和观点，参与各种话题的讨论与交流。这种行为不仅仅是对信息的被动接受，更是一种主动参与社会话题、表达个人态度和思想的方式，具有重要的学术价值和社会意义。

首先，通过分享观点和参与评论，大学生可以培养自己的批判性思维能力。评论是对信息的思考和评价，需要对事物进行分析、比较和评判，这有助于学生理性思考、辨别信息的真伪、思考问题的多方面因素，并形成自己的独立见解。在与他人的讨论交流中，大学生不仅可以从他人的观点中汲取新的思想，也可以通过与他人的辩论来推动自己的思维深度和广度的发展。其次，分享观点和参与评论也是大学生表达个人意见和参与社会话题的重要方式。大学生作为社会的一员，有责任关心社会大事、关注国家政策、反映民意声音，通过评论来表达自己的态度和观点，参与社会议题的讨论与建设。这种参与不仅有助于增强大学生的社会责任感和公民意识，也有助于促进社会的民主和进步。最后，通过分享观点和参与评论，大学生还可以扩展自己的社交圈子，拓展人际关系。在评论区或社交媒体平台上，大学生可以与来自不同地区、不同背景、不同专业领域的人进行交流和互动，结识志同道合的朋友，建立良好的社会关系。这有助于丰富大学生的人际交往经验，培养其团队合作能力和社会交往技巧。

第三节　新媒体在思政教育中的应用现状分析

一、新媒体催动高校思想政治工作转轨

（一）新媒体催动了传统教育手段的变革

从课堂（"线下"）为主到课堂和新媒体辅助（"线上"）的融合。传统的思想政治教育往往主要以线下思想政治教育课课堂为主，且上课形式比较单一，思想政治教育教师也大多习惯于"灌输"的教育教学形式，一方面思政本身往往政治色彩浓厚，内容常常偏于严肃，另一方面，思政教师教育教学方式往往单一，又习惯于占据课堂的主体地位，所以思想政治教育内容往往难以为爱好新事物的高校青年学生所接受，思想政治教育形式也常常难以让个性活泼的高

校青年学生所喜欢，因此，传统的思想政治教育手段在新一代高校青年学生那里自然会遭遇到困境。

而此时，新媒体的出现就很好地催动了传统教育手段的变革。新媒体集声音、图像、音频、视频等众多手段于一体，形式多样且能很好地拉近人与人之间的距离，一出现便很好地契合了高校青年学生的需要，深受新一代青年学生的欢迎和喜爱，在高校青年学生中产生了深远的影响。新媒体形式多样，一旦为思想政治教育者所掌握便能够很好地弥补传统高校思想政治教育的不足：传统思想政治教育课堂教师占主导地位，新媒体背景下的课堂则是教育者和学生双主体，甚至多主体；传统思想政治教育课堂形式单一，教师说，学生听，且思想政治教育往往局限于课堂，而新媒体视域下的思想政治教育可以借助音频、视频等诸多手段，不仅课堂上可以进行思想政治教育，依托微信、微博等新媒体应用，思想政治教育更是延伸到了课外，甚至延伸到了学生学习、生活的方方面面，为思想政治教育课堂无疑做出了很好的补充。

（二）新媒体催动了传统教育者教学素养的变革

新媒体的兴起催生了传统教育者教学素养的革新。教师不再仅仅是"课堂教学艺术"的展示者，而是需要将"课堂教学艺术"与"新媒体技术"运用素养相融合。在过去，传统的思想政治教育课堂往往侧重于教师的专业知识和教学技巧，教师通常处于主导地位，然而这种传统形式的课堂往往显得单调乏味，难以吸引新一代学生的注意力，从而影响到思想政治教育的效果。

随着新媒体的出现，教师亟须积极提升自身的新媒体技术运用素养。高校思想政治教育者不仅需要具备扎实的专业素养和优秀的课堂教学技巧，还需要主动学习和掌握新媒体技术，灵活运用新媒体工具。只有通过善于利用学生喜爱的新媒体，教师才能真正融入学生的世界，深入了解他们的内心需求，时刻关注学生的心理状态，才能更有针对性地开展高校思想政治教育工作，满足学生的需求，适应时代的发展，进一步提升思想政治教育的有效性。

（三）新媒体催动了教学内容表达方式的变革

从传统的教学内容的"封闭独享"到教学内容的"开放共享"的融合。传统的思想政治是以包括马克思主义、中国特色社会主义共同理想、社会主义荣辱观、以爱国主义为核心民族精神和以改革创新为核心的时代精神在内的社会主义核心价值体系为基础，包括多方面具体内容。其基本要素涵盖世界观教育、政治观教育、人生观教育、法治观教育、道德观教育等。相对而言，传统的思想政治教育教学内容严肃，且内容体系较为封闭，针对对象也比较单一，总的而言传统教学内容偏向于封闭独享。传统的思想政治教育教学内容的封闭独享也导致高校思想政治教育的受众单一，辐射范围有限，存在传统思想政治教育教学内容的陈旧，无法很好地保持与时俱进，及时吸纳和更新有效内容的弊端。

新媒体的出现引发了高校思想政治教育从传统的教学内容的"封闭独享"到教学内容的"开放共享"的融合。新媒体一方面深受高校青年学生的喜爱和追捧，要想让思想政治教育真正地在新一代高校学生中具有实效性，那么借助于新媒体这一媒体形态就成为高校思想政治教育者的必然选择。新媒体极富开放性、包容性，新媒体传播内容又是如此海量、多元，借助新媒体，自然就避免不了要从封闭独享的状态中走出去，因此，新媒体很好地打破了传统思想政治在教育那种封闭独享的环境，越来越营造出内容上的开放共享氛围。这一改变无疑给传统的高校思想政治教育带来生机与活力。

二、新媒体带来高校思想政治教育的机遇

新媒体的出现催动了高校思想政治工作转轨，也给高校思想政治教育工作的展开带来了空前的机遇，包括进一步拓宽了高校思想政治教育新领域、丰富了高校思想政治教育的新内容、探索了高校思想政治教育的新方式。

（一）拓宽高校思想政治教育的新领域

新媒体的出现，以其信息传播的及时性、多样化、强互动性等特点吸引了大批高校青年学生用户，这些高校学生通过博客、微博、微信、贴吧、论坛等新媒体平台实现最新资讯的获取、多元文化和知识的汲取与学习、观点感想等的即时发表、实现互动交友等等。新媒体的出现给了高校学生一个很好的"输入—消化—输出"的平台，有助于他们增加学识、增长见识、开阔视野，同时也给了他们一个发泄情绪和压力的"出口"、分享观点的平台，因此高校青年学生成为新媒体的忠实粉丝，新媒体受到高校青年学生们的喜爱和追捧，新媒体平台也毫无疑义成为拓展高校思想政治教育的新平台和重要阵地。

如何利用好新媒体这一新兴的、深受学生喜爱的平台，对高校青年学生进行潜在的思想政治教育成为各个高校及教师应该思考的问题。新媒体平台开放

的环境、多样的传播方式、能够进行平等的互动等等特点，极易拉近高校教师与学生之间的心理距离，高校教师通过微博、微信等能够及时察觉到学生的学习情况、心理状态、思想状况，并及时作出反应，这无疑是对高校师生间建立更进一步密切关系手段的一个有益补充。

（二）丰富高校思想政治教育的新内容

思想政治教育是要不断地提高人们的思想道德素质，促进人的全面发展作为其根本目的。为了达到这一根本目的，思想政治教育的主要内容就应该至少包括五个方面的内容，包括世界观教育、政治观教育、人生观教育、法治观教育、道德观教育。

传统的高校思想政治内容教育主要依赖于教师、教材、课堂，上课的内容也比较传统单一，依赖于高校教师对课本的解读。但是，新媒体的出现则以其生动、多样的形式，海量、多元的资料，开放、复杂多元的环境等，极大地丰富了高校思想政治教育的内容、形式和影响力。比如，以博客、微博、微信、贴吧、论坛等新媒体平台上创新信息传播内容和形式，利用文字、图片、音频、视频等开展爱国主义宣传，红色网站的建设等等，这些都极大地丰富了高校思想政治教育的内容；又比如，微博订阅消息、微信公众号的信息推送等，以一种即时分享、在线互动的方式吸引高校青年学生对于时事的关注；同时，又可以对于这些推送消息进行即时评论，不仅可以发表自己的观点、看法，也可以了解到其他人对此事的思考。

（三）探索高校思想政治教育的新方式

一方面，传统的高校思想政治教育课堂常常意味着政治色彩比较浓厚、用词偏于严肃、内容相对比较单调、形式较为单一等；另一方面，传统的高校思想政治教育教学方式也主要还是依赖于课堂灌输，上课的形式也非常传统，还停留在"教师说、学生听""满堂灌"的程度，而从事高校思想政治教育的教师往往扮演着传统教育观念上"传道、授业、解惑"这样一个角色，具有比较高的地位和威严，受传统思想的影响，教育者往往以"教导者"自居，教育过程形成了一种自上而下、等级森严、地位不平等的关系，教育方式以僵化的灌输、说教进行。这种传统的思想也让很多的教师习惯于自己的角色赋予自己的权威，认为自己就是课堂的主导者。这样的教育方式对于充满好奇心、追求新鲜感的高校的青年学生来说，是极度缺乏吸引力的。

新媒体的出现，不仅集合了声音、图像、音频、视频等生动而丰富的形式，能够极大地吸引学生的注意，而且能够在进行思想政治教育的过程中与学生进行实时互动，相较于传统思想政治教育更容易能够体现出教育者和受教育者之间的平等性和互动性。新媒体一旦为高校思想政治教育者很好地掌握和利用，这样的形式无疑可以很大地提高高校思想政治教育的吸引力和时代感，容易成为高校青年学生喜闻乐见的教学形式。

三、新媒体对高校思想政治教育提出的新挑战

高校思想政治教育工作者在运用新媒体开展思想政治教育过程中，在取得显著成效的同时，也对思想政治教育主体、教育内容以及教育方式上提出极大挑战。

（一）教育者话语权弱化

思想政治教育者是思想政治教育的主体，传统教育者在思想政治教育过程中的基本职能主要包括教育职能和管理职能。在传统的思想政治教育课堂中，相对而言，环境较为封闭，教育者在思想政治教育过程中往往占有绝对的优势和权威地位，教育者往往能够牢牢把握住思想政治教育话语权。而新媒体的出现对思想政治教育者话语权提出了极大的挑战。

1.新媒体对思想政治教育者话语权的挑战

（1）资源转移与话语权迷茫

随着新媒体时代的兴起，思想政治教育的资源和话语权发生了转移。传统的教育资源主要集中在党政部门、传媒机构和知名学者等传统渠道，而新媒体时代意见领袖、网络红人、自媒体终端等开始崭露头角，成为信息传播的新力量。这种资源的转移使得传统的思想政治教育者在新媒体环境中感到迷茫和失语，他们的话语权受到了挑战。在新媒体平台上，信息的传播速度快、传播范围广，意见领袖和网络红人们的言论往往更容易被社会大众所接受和传播，从而影响了思想政治教育的话语权。

（2）西方价值观的渗透与理想信念动摇

新媒体时代，西方发达国家凭借其技术和资金优势，通过新媒体网络平台大规模地传播西方思想、价值观等，进行文化渗透甚至颠覆。这种文化输出对

中国青年学生的思想观念产生了一定的影响，使得他们对于传统的理想信念产生了动摇。在新媒体平台上，西方价值观往往被呈现为新潮、先进、时尚，而传统的思想政治教育理论和观念则显得保守、陈旧。这种思想观念的冲突使得传统思想政治教育者在新媒体环境中的话语权面临着挑战。

2. 教育方式的不适应与话语权的弱化

（1）传统教育方式的呆板与单一

传统的思想政治教育课堂往往采用"老师讲，学生听"的教育方式，注重灌输和单向传播。然而，这种教育方式在新媒体时代已经显得过于呆板和单一，无法真正引起学生的兴趣和共鸣。学生们对于这种教育形式的反感和抵触使得传统教育者的话语权在课堂中受到了挑战。

（2）新媒体平台的吸引力与干扰

新媒体平台以其丰富多样的内容形式和生动有趣的表现方式吸引了大量的高校青年学生用户，许多学生尤其热衷于在课堂上刷微博、朋友圈等社交媒体，严重干扰了课堂秩序和教学效果。这种新媒体平台的吸引力使得传统教育者的主导地位受到了一定程度的消解，教育者的话语权面临着弱化和削弱的局面。

（二）教育内容难以甄选

思想政治教育内容是思想政治教育系统的一个基本要素，是思想政治教育目的和任务的具体化。现阶段，思想政治教育内容主要包括马克思主义、中国特色社会主义共同理想、社会主义荣辱观、以爱国主义为核心的民族精神和以改革创新为核心的时代精神在内的社会主义核心价值体系为基础，包括多方面具体内容。

相对而言，传统的思想政治教育内容偏于严肃，政治色彩比较浓厚，随着时代的发展，思想政治教育有些内容已经不再适应时代的发展，而另一些符合时代潮流趋势和发展、契合思想政治教育需要的内容也有必要进入到思想政治教育的系统中来，因此，顺应时代需求，加强高校思想政治教育时代性和实效性，适时地更新思想政治教育的内容就变得极为必要。新媒体的开放性为思想政治教育提供了海量的资讯和多元的文化，也对新时期思想政治教育的内容提出了巨大挑战。一方面，新媒体具有门槛低、信息丰富多元的特点，这无疑为思想政治教育提供了极为丰富的素材和咨询，对高校思想政治教育内容是一个有力的补充；另一方面，因其资料来源太过复杂，导致资料真假难辨，冗杂繁复，因此教育内容难以甄选，这又无疑增加了思想政治教育的难度。新媒体的运用只需要在随身携带的手机上下载一个客户端便可以方便快捷地使用，再加上其内容的丰富趣味、交流的平等互动等，使得很多人在生活中产生的极大的平台依赖，沦为"低头族"。高校青年学生对于新生事物有着强烈的好奇心、新鲜感，博客、微博、微信、贴吧、网络论坛（BBS）等新媒体在高校青年学生中尤为流行，有些学生甚至在课堂上都分神浏览微博、朋友圈，与网友互动等，这极大地扰乱了课堂秩序；另外，由于微博、微信等新媒体的准入门槛低、人人都可发布消息而可信度却无法保证，加之缺乏有效的网络信息监管，使得新媒体平台上的信息良莠不齐，甚至一些有心人士故意散布虚假信息、不法言论。高校青年学生分辨能力差、社会经验不足，容易被蛊惑煽动从而上当受骗，甚至有可能导致犯罪，高校学生的世界观、人生观、价值观形成容易受到严重影响。因此，如何应对此类现象，堵住高校管理机制漏洞，亟待解决。

（三）教育效果难以保证

新媒体视域下思想政治教育的难度进一步加大，对高校思想政治教育效果进一步提出了挑战。新媒体与传统媒体相比存在着多重优势。

1. 资源优势

新媒体的兴起给高校思想政治教育带来了前所未有的资源优势。强大的互联网基础使得信息获取变得更加便捷，资料内容的丰富性和多元化为思想政治教育提供了丰富的素材和参考。然而，这种资源的丰富性也为高校思想政治教育带来了诸多挑战与困难。

第一，新媒体所包含的海量资源具有一定的虚假性和低质量性。在网络世界中，信息的真实性往往难以保证，虚假信息、谣言等不实内容充斥其中，给高校思想政治教育带来了误导和混淆。学生们在浏览新媒体时难以分辨信息的真伪，容易受到错误信息的影响，从而影响到他们的思想观念和学习态度。

第二，新媒体所涵盖的资料内容极为丰富，但也显得杂乱无章。海量的信息可能会使学生们陷入信息过载的困境，难以从中筛选出符合学习需求和思想政治教育目标的内容，导致学习效果不佳。同时，信息的多元化也可能导致学生们的注意力分散，无法深入专注于某一主题或问题，从而影响对思想政治教育内容的理解和领悟。

2. 时效优势

第一，新媒体时代的时效优势导致了信息的即时性和不确定性。由于信息传播的速度极快，新闻事件往往在尚未得到完整、准确地核实之前就被广泛传播，可能会引发谣言、虚假信息的传播。在这种情况下，公众容易受到不实信息的影响，造成社会舆论的波动，甚至会引发不必要的恐慌和混乱。

第二，新媒体时代的时效优势也为有心人士提供了利用的机会。一些人可能会利用新媒体的时效优势，故意传播虚假信息或挑衅性言论，以达到个人或团体利益的目的。这种恶意利用时效优势的行为不仅会造成社会秩序的混乱，还可能对公共安全和社会稳定造成严重影响。

第三，新媒体时代的时效优势也加剧了信息的碎片化和短期化。由于新闻事件的迅速传播和快速更新，人们往往只关注事件的表面现象，而忽视事件背后的深层原因和长期影响。这种短期化的信息消费模式容易导致人们对事件的理解和判断存在偏差，缺乏全面和深入地思考，影响到社会舆论的健康发展和民众的理性思考能力。

3. 新媒体存在的互动优势与极易产生的高度的参与感

传统的媒体在信息传播的过程中都容易倾向于单向传播，即新闻机构单方面向受众的传播，几乎没有受众的信息反馈这一个重要环节，受众一般只能被动地接收信息，但是缺少公开就信息发表意见的途径和渠道。新媒体与传统媒体极为不同，新媒体不仅可以实现实时传播，而且还能实现即时评论。一则新闻、一个事件发生，在新媒体平台上可以迅速看到，而且也可以在新闻事件的下方进行实时评论，进行即时的信息反馈，从而改变了信息接收者只能单方面被动接受资讯的局面，当然由于参与者的个人素质素养良莠不齐，容易出现新媒体环境的难以监管，加大思想政治教育的难度。

第四章　新媒体时代下大学生的价值观与思想倾向

第一节　新媒体对大学生价值观的影响

新媒体对大学生价值观的影响有利有弊。一方面，它能满足大学生自主化、开放式、便捷性的信息获取需求，也能推动大学生价值观教育理念、方法推陈出新；另一方面，"痞""伪""酷""颓"等非主流意识形态或多或少地会影响大学生的价值观。

一、新媒体对大学生价值观的积极影响

新媒体的快速发展催生了"互联网＋教育"这一新形态，推进教育产业向智能化、精准化发展，对增强大学生价值观教育的针对性、实效性具有积极的推动作用。

（一）新媒体为开展大学生价值观教育提供了全新载体

1. 新媒体实现精准推送，提升价值观教育效果

（1）精准推送满足受众需求

新媒体通过智能算法和个性化推荐系统，能够根据用户的兴趣爱好、浏览历史等信息，实现内容的精准推送。在价值观教育领域，这意味着能够将与大学生关注的社会问题、道德伦理等相关的内容准确传达给目标受众，满足他们的学习需求和认知欲望。例如，针对大学生群体普遍关心的社会公益、环保意识等议题，新媒体可以有针对性地推送相关的教育内容，引导他们关注社会责任和价值追求。

（2）营造沉浸式体验促进教育效果

新媒体提供了丰富多样的互动形式和媒介语言，如视频、直播、互动游戏等，使得价值观教育活动能够在沉浸式的体验中展开。通过视频演讲、虚拟实境体验等方式，可以让大学生身临其境地感受到各种社会现实和价值观念，从而更深刻地理解和接受所传达的教育内容。这种沉浸式体验不仅增强了教育活动的吸引力和趣味性，还能够提升学生的学习动机和参与度，进而促进教育效果的实现。

（3）事半功倍的教育效果

由于新媒体具有即时性、互动性和可持续性等特点，能够以更低的成本和更高的效率开展价值观教育活动。相比传统的教育方式，新媒体可以更广泛地覆盖受众群体，实现教育资源的共享和传播。同时，新媒体还能够借助社交分享和传播机制，将教育内容扩散到更多的用户群体中，形成良性的传播效应，从而事半功倍地实现价值观教育的目标。

2.新媒体整合多种展现形式，提供立体化教育体验

（1）多媒体整合展现形式

新媒体不仅限于文字传播，还可以通过声音、图片、视频等多种形式展现内容。在价值观教育中，这种多媒体整合的展现形式可以更好地激发大学生的学习兴趣和参与欲望。例如，可以通过视频资料展示社会现实问题，通过图片和图表呈现数据和趋势，通过音频讲解提供思想启发，使得教育内容更加生动、直观、易于理解。

（2）立体化教育体验

新媒体的多样化展现形式为价值观教育活动带来了立体化的教育体验。大学生可以通过观看视频、听取音频、参与互动游戏等形式，全方位地感知和体验教育内容。这种立体化的教育体验有助于激发学生的多种感官和认知方式，提升他们的学习体验和效果。例如，通过虚拟实境技术，可以模拟各种场景和情境，使学生能够身临其境地感受到各种社会价值观念和道德准则，从而更好地理解和接受所传达的教育内容。

（二）新媒体为增强大学生价值观教育的实效性提供了技术支持

1. 新媒体打破时间空间限制，提升价值观教育效率

（1）超时空教学日渐常态化

新媒体技术的发展，尤其是大规模开放在线课程（MOOC）和小规模私人在线课程（SPOC）等教学模式的兴起，使得教育活动不再受限于传统的时间和空间约束。学生可以根据自己的时间安排和地理位置，在任何时候、任何地点通过网络平台进行学习和参与价值观教育活动。这种超时空的教学模式，使得教育资源得以更加高效地利用，大幅提升了价值观教育活动的灵活性和便利性。

（2）提升时间、空间利用效率

传统的课堂教学往往受到固定的课程安排和教室容量的限制，导致学生与教师之间的互动受到限制，教学效果难以得到充分发挥。而新媒体技术的应用，可以让教育活动更加灵活自由地进行。教师可以随时在网络平台上发布教学内容和作业，学生则可以根据自己的学习进度和兴趣选择合适的时间和地点进行学习，从而提升了时间和空间的利用效率，使得价值观教育活动能够更加贴近学生的实际需求和学习方式。

（3）推动教育活动的全面发展

新媒体技术的应用，不仅可以提升价值观教育活动的实效性，还能够推动教育活动的全面发展。通过 MOOC 和 SPOC 等教学模式，可以让更多的学生接触到高质量的教育资源，促进了教育公平和资源共享。同时，这种超时空的教学模式也为教育领域的创新提供了更广阔的空间，鼓励教育者采用多种方式和手段进行教学，推动价值观教育活动向更高水平的发展。

2. 新媒体丰富网络资源，支持价值观教育实施

（1）数字化资源长久存储

在新媒体环境下，大量关于价值观教育的论文、案例、视频等教育资源以数字化的形式长久储存在网络空间。这些资源可以被高校教师和学生随时检索、下载、使用，为价值观教育活动提供了丰富的网络资源支持。无论是教师在课堂上展示案例，还是学生在课后查阅资料，都可以方便地获取到相关的数字化资源，有助于提升教学效果和学习效率。

（2）提升教育活动的效果

通过新媒体提供的丰富网络资源，教师可以更加轻松地准备教学内容，丰

富课堂教学形式，提升教学效果。例如，教师可以通过播放相关视频资料、展示案例分析等方式，生动地介绍和讲解价值观教育内容，激发学生的学习兴趣和思考能力。同时，学生也可以通过网络平台随时查阅相关资料，深入理解教学内容，提升学习效果。

（3）开阔教育工作者视野

新媒体环境下的丰富网络资源，不仅为价值观教育活动提供了支持，还能够开阔教育工作者的视野。教育工作者可以通过网络平台获取到世界各地的教育案例、研究成果和教学经验，了解不同国家和地区的教育发展动态，拓宽自己的专业知识和视野。这种开放式的网络资源获取方式，有助于教育工作者更好地理解和应对不同背景下的教育挑战，提升教育工作者的专业素养和综合能力。

（4）提高价值观教育的针对性和有效性

借助新媒体提供的丰富网络资源，教育工作者可以根据具体的教学目标和学生需求，选择合适的教学内容和教学方法，提高价值观教育的针对性和有效性。例如，针对不同年龄、不同学科领域的学生，可以提供不同类型的案例分析和教学资料，使教育内容更加贴近学生的实际需求和学习水平。这种个性化的教学方式能够更好地激发学生的学习兴趣和主动性，提高价值观教育的实效性和影响力。

3. 新媒体促进"教学双向互动"，加强教育效果

（1）及时回应学生学习反馈

新媒体技术的应用，使得教育活动变得更加开放和互动。教师可以通过网络平台收集学生的学习反馈和意见，及时了解到学生的学习情况和需求，从而做出针对性地教学调整和改进。例如，教师可以根据学生的反馈情况，调整教学内容和教学方式，提供更加符合学生学习需求的教学服务，从而提高教学效果和学生满意度。

（2）构建教师、学生"双主体"互动教学场景

在新媒体环境下，教师和学生之间的互动更加平等和民主。教师不再是单向传授知识的主体，而是与学生共同构建教学内容和教学环境的参与者。通过网络平台，教师可以与学生自由对话，开展深入的学术交流和讨论，促进学生思维的开拓和创新。这种教师、学生"双主体"互动的教学场景，有助于激发学生的学习兴趣和探究欲望，提高教学效果和学生学习质量。

（3）实现教学资源共享和教育信息开放

新媒体技术的应用，使得教学资源的共享和教育信息的开放变得更加容易。教师可以通过网络平台分享自己的教学资源和教学经验，与其他教育工作者共同探讨教学问题和教学方法，促进教学资源的共享和交流。同时，学生也可以通过网络平台获取到丰富的教育信息和学习资源，丰富自己的知识储备和学习经验，提高学习效果和学习质量。这种教学资源共享和教育信息开放的模式，有助于促进教育资源的优化配置和教育信息的全面传播，提高了教育活动的效率和质量。

（三）新媒体对创新大学生价值观教育方法具有积极意义

尽管新媒体并不是为发展教育而创造的，但它会对高校开展价值观教育活动产生两个方面的影响。

1. 新媒体促进教育方法创新

（1）促使价值观教育从单向式向交互式、立体式转变

新媒体的兴起改变了人们获取信息、交流沟通的方式，也对教育方法产生了深远的影响。在大学生价值观教育方面，传统的灌输式教育模式逐渐被启发式教育所取代。新媒体的互动性和立体性为教育工作者提供了更广阔的创新空间。通过在线平台，教师可以与学生进行实时的互动交流，提供个性化的教学服务。例如，利用社交媒体进行讨论、组织线上活动，以及采用虚拟现实技术创建沉浸式学习场景等，都是新媒体所带来的教育方法创新的体现。

（2）支持价值观教育的启发式转变

当代大学生作为"网络原住民"，对于自由、规范、平等、开放、协作等互联网核心精神具有较高的认同度。新媒体为价值观教育的启发式转变提供了有力支持。通过社交媒体平台、在线课程等形式，教育工作者可以向学生展示各种案例、故事，并与学生共同探讨、分析，引导他们自主思考、反思和实践。这种启发式的教学方法不仅能够提高学生的参与度和学习积极性，还能够更好地促进学生的思想成长和品格塑造。

2. 建立良好的网络舆情监管机制

（1）加强网络舆情监管，营造良好的媒介环境

尽管新媒体为教育方法创新带来了机遇，但也伴随着一些挑战，特别是网

络舆情的不稳定性。因此，高校需要建立健全的网络舆情监管机制，及时发现并应对各种网络舆情事件。这包括建立专门的舆情监测团队，利用大数据技术对网络舆情进行监测和分析，制定应对措施并及时采取行动。同时，高校还应该加强对学生的网络素养教育，提高他们对网络舆情的辨别能力和应对能力，从根本上减少网络舆情事件对大学生价值观的影响。

（2）引导舆情爆发后的合理疏导

面对网络舆情的突发事件，高校应该积极引导舆情的发展方向，采取合理的疏导措施，避免舆情事件对大学生价值观教育的负面影响。这包括通过公开透明的方式及时发布相关信息，积极回应社会关切，引导舆论舆情走向理性和积极的方向。同时，高校还可以利用新媒体平台开展舆情引导活动，组织线上讨论和交流，引导学生正确理解和评价舆情事件，从而增强他们的网络素养和价值观意识。

（3）为大学生健康成长创造良好的外部环境

除了加强网络舆情监管和疏导，高校还应该积极倡导健康向上的网络文化，引导学生正确利用新媒体，提升他们的自我保护意识和抵御不良信息的能力。此外，高校还可以加强心理健康教育，提供心理咨询和支持服务，帮助学生应对网络舆情事件带来的心理压力，增强他们的心理韧性和适应能力。通过建立健全的心理健康教育体系，高校可以为大学生的健康成长提供更加全面的保障。

二、新媒体对大学生价值观的消极影响

以新媒体为介质的信息传播具有去中心化、自主性、交互性等特征。一方面，舆情监控与引导的难度加大，会使我国意识形态安全面临一定的挑战；另一方面，欺骗性信息、煽动性信息无序传播，易对价值观尚未定型的青年大学生群体造成负面影响。

（一）意识形态安全面临挑战

1.西方不良思潮的意识形态渗透

新媒体作为西方不良思潮渗透的重要载体，为其提供了广阔的传播平台。在新媒体环境下，信息传播具有多元化、便捷化、去疆界化等特点，使得不良思潮的传播与扩散变得更加便利。部分西方作品宣扬金钱至上、利己主义等不良价值观，这些价值观与我国的传统价值观存在冲突，容易对尚未形成稳定世

界观的大学生产生误导。这种思潮的传播给大学生的价值判断带来了困扰，需要我们采取措施应对。

2. 信息传播的难以甄别与监管

新媒体环境下的信息传播呈现出碎片化、快速化的特点，这对大学生的价值判断构成了严峻挑战。在社交媒体、新闻客户端等平台上，大量的信息以短小精悍的形式迅速传播，往往缺乏深度和全面性，容易让大学生产生误解或偏见。更甚的是，一些信息被精心包装，以吸引注意力，却忽略了信息的真实性和客观性，形成了所谓的"信息陷阱"。这些"信息陷阱"往往利用大学生的心理倾向和审美趣味，通过夸张、煽动或虚假的手法，误导他们的价值观念，使其无法准确判断信息的真伪和背后的意图。

信息传播的快速化也给信息监管带来了巨大挑战。在新媒体时代，信息的传播速度极快，几乎可以瞬间传遍全球，覆盖面广泛，这使得传统的信息监管方式显得力不从心。随着新媒体平台的不断涌现和信息内容的爆炸式增长，监管部门往往难以及时发现和处理存在问题的信息，导致不良信息滋生蔓延。尤其是针对欺骗性信息和有害信息的监管更加困难，因为这些信息往往巧妙地掩盖在海量信息的背后，需要耗费大量人力物力进行筛查和审核，而且监管的效果常常不尽如人意。

（二）内容"泛娱乐化"影响价值选择

新媒体社交在内容层面呈现出"泛娱乐化"等不良倾向，从而影响大学生的价值选择。如前所述，部分群体通过各种方式宣扬拜金主义、享乐主义、消费主义、历史虚无主义等非主流思想，既有悖于传统公序良俗的要求，也在一定程度上冲击了主流意识形态。

1. 泛娱乐化对价值选择的影响

新媒体社交平台上的"泛娱乐化"现象，对大学生的价值选择和行为方式产生了深远影响。这种泛娱乐化的内容，往往以轻松愉快、娱乐性强为特点，包括各类段子、搞笑视频、明星"八卦"、综艺节目等，充斥着社交媒体和视频平台。这些内容往往以瞬时吸引眼球、制造话题为目的，以迎合大众的浅层需求和短期快感为导向，而不是注重思想深度和内涵的传播。这种情况下，大学生在社交媒体上的时间逐渐增加，而对于深度思考、知识学习的时间却逐渐减少。

第一，泛娱乐化的内容导致了大学生对于价值观的轻视和功利化。在社交媒体上，娱乐化的内容往往以轻松幽默、表面愉快的形式呈现，对于复杂、深刻的价值观念很少涉及。大学生在长时间接触这些内容后，很容易形成"懒惰思维"，对于深层次的思考和价值选择变得漠不关心。相反，他们更倾向于追求即时的快乐和短期的满足，而对于长期的目标和内在的追求缺乏耐心和动力。第二，泛娱乐化的内容也使得大学生的审美标准和社会观念受到影响。在社交媒体上，各种时尚潮流、花边新闻等内容充斥着用户的视野，塑造了一种"轻视知识、崇尚时尚"的审美取向。大学生在接触这些内容的过程中，很容易形成对于表面现象的过度追求，而忽视了内在的价值和素质的提升。这种审美导向和社会观念会影响大学生的行为方式和生活态度，使他们更倾向于追求物质享受和外在形象的呈现，而忽视了精神世界的建设和自我实现的重要性。

2. 不良信息传播的挑战

新媒体时代的信息传播带来了不良信息的挑战，对大学生的思想观念和行为方式产生了负面影响。除了娱乐内容，新媒体平台上还充斥着大量的不良信息，其中包括拜金主义、享乐主义、消费主义等非主流价值观的宣扬。这些价值观往往与传统的公序良俗相悖，但在泛娱乐化的氛围下却得到了一定程度的传播和认可。

第一，不良信息的传播影响了大学生价值观的形成和发展。大学生正处于人生观、价值观形成的关键阶段，他们对于外界信息的接受和认同度较高。而新媒体上的不良信息往往以引人注目、吸引眼球的方式呈现，容易引起大学生的关注和认可。长期接触这些不良信息会逐渐影响他们的思想观念，使其产生对于金钱、享乐、物质等的过度追求，而忽视了精神层面的发展和内在价值的追求。第二，不良信息的传播容易导致大学生的价值选择困惑和混乱。在新媒体时代，信息传播速度快、渠道广，不良信息的传播范围也在不断扩大。大学生在接触到各种价值观念和行为准则的同时，往往缺乏对于信息的甄别能力和批判思维，容易被片面的、极端的观点所左右。这种情况下，他们很容易陷入对于何为正确的道德观念和行为准则的困惑中，产生认同危机和身份焦虑。

第二节 大学生在新媒体环境中的思想倾向分析

一、新媒体对大学生思想倾向的塑造

随着互联网的迅猛发展，新媒体已经成为大学生日常生活中不可或缺的一部分。社交媒体、视频网站、新闻客户端等成为他们获取信息、交流观点、娱乐放松的主要途径。新媒体平台提供了丰富多样的内容，涵盖了社会新闻、娱乐八卦、学术知识等各个领域，给大学生带来了极大的信息量和选择空间。

（一）内容特点与影响机制

新媒体上的内容具有碎片化、快速化和个性化等特点，这些特征共同构成了内容的独特魅力和影响机制。

第一，碎片化的特点使得新媒体上的内容更加简洁、直观，更符合大学生的碎片化时间利用习惯。在快节奏的生活中，大学生往往只有零星时间来获取信息和娱乐放松，碎片化的内容更容易被他们接受和消化。这种碎片化的特点不仅提高了信息的传播效率，还增强了大学生对新媒体内容的吸收度和接受度。

第二，快速化的特点让新媒体上的内容更新迅速，时效性强，能够及时反映社会热点和事件发展。大学生作为年轻群体，更加追求时尚和潮流，对于新鲜事物的接受度更高。快速的内容更新速度符合了大学生追求新鲜感、多样性的心理需求，吸引他们频繁地浏览、分享和讨论。

第三，个性化的特点是新媒体内容吸引大学生的重要原因之一。新媒体平台通过算法推荐和个性化定制，根据用户的兴趣爱好和浏览历史向其推送相关内容，使每位用户能够获得符合自己兴趣和需求的信息。这种个性化的内容推送增强了用户与内容之间的亲和力和黏性，使大学生更加喜欢在新媒体平台上浏览和参与互动。

总的来说，新媒体内容的碎片化、快速化和个性化特点，使其更贴近大学生的生活和需求，更容易吸引和影响他们的思想观念和行为方式。这种内容特点构成了新媒体对大学生思想倾向的塑造和影响的重要机制，对大学生的价值观念、认知水平和行为方式产生着深远的影响。

（二）心理层面的影响与挑战

新媒体的普及和影响给大学生带来了心理层面的影响与挑战。

1.信息过载导致的心理问题

（1）焦虑和压力

新媒体上信息的大量涌现容易造成信息过载，使大学生感到无法有效处理和吸收。这种信息过载可能导致他们产生焦虑和压力，因为他们不得不在众多信息中进行选择和筛选，担心错过重要信息或者无法跟上社会发展的步伐。

（2）疲劳和注意力不集中

持续长时间地接触和浏览新媒体上的信息可能会导致大学生产生信息疲劳，感觉精力不集中，注意力难以持久。频繁的信息刺激和快节奏的内容更新让大学生的大脑处于持续高度活跃状态，长期下来容易出现疲劳感和专注力不足的情况。

2.负面信息和社交问题对心理健康的影响

（1）不良内容对心理健康的影响

新媒体上存在大量的负面信息和不良内容，如暴力、色情、恐怖等，这些内容可能对大学生的心理健康产生负面影响。长期接触这些内容可能导致他们产生恐惧、焦虑、抑郁等心理问题，甚至影响到他们的情绪稳定和心理健康。

（2）社交焦虑和人际关系问题

新媒体的交互性和社交性给大学生带来了社交焦虑和人际关系问题。在社交媒体上，大学生往往会面临来自他人的评价和压力，需要面对虚拟社交带来的情感波动和挑战。这种虚拟世界和现实世界的交织可能会导致大学生在社交中感到困惑和不安，影响到他们的社交能力和人际关系的建立与维护。

二、网络舆论热点对大学生思想倾向的影响

随着新媒体技术的快速发展，互联网成为反映舆论的重要载体，在一系列网络热点事件中，网络舆论以不容忽视的力量发挥着影响力，影响和冲击着大学生的思想观念。重视和加强社会热点问题舆情引导，是新时期思想政治理论教育的一项重要任务。

（一）网络舆论热点的内涵与特点

网络舆论热点主要有以下三个特征。

1. 典型性

舆论热点事件是我国社会主义转型时期的发展步伐的生动展现，也最能反映社会发展症结和矛盾，容易引起社会各阶层的普遍关注和热议。

2. 民众参与度高

网络舆论热点事件联结了社会的各类人群，各类人群聚焦在同一个事件上，不同思想或感情通过同一个事件进行交流与传递。

3. 影响范围广、影响力大

网络舆论热点事件相关信息占用网络空间的规模与网络参与的人群规模都很大，是影响社会生活的强大力量，同时，容易形成较大的民意浪潮对现实社会形成强大的干预。

（二）大学生关注网络舆论热点的现状及原因分析

1. 大学生关注网络舆论热点的现状分析

（1）大学生关注的网络舆论内容广泛

大学生作为当代社会的主要力量之一，其对网络舆论的关注程度和关注内容具有重要意义。研究表明，大部分大学生每天花费 2~5 个小时在网络上，这表明他们在日常生活中高度依赖于网络获取信息和知识。同时，68.8% 的大学生表示经常关注网络舆论热点，这反映了他们对社会事件和议题的关注程度。在获取舆论热点信息方面，93.6% 的大学生表示主要通过网络获取，而传统媒体的影响逐渐减弱。这表明了网络作为信息获取的主要途径已经深入人心，成为大学生了解社会动态和热点事件的首选渠道。然而，传统媒体仍然在一定程度上为大学生提供了信息，尤其是一些深度报道和专题分析，为他们提供了多元化的信息来源。大学生关注的网络舆论热点涉及多个方面，包括经济、政治、文化、社会、生态等各个领域。其中，与学生相关的话题、娱乐新闻以及百姓民生问题是大学生关注的重点。这表明大学生关注的不仅是自身学习和生活的方方面面，也关心社会发展和民生问题，具有广泛的社会责任感和公民意识。

（2）大学生关注网络舆论热点的程度

大学生参与网络舆论热点讨论的情况分为以下三种。

第一，围观型大学生占据了相当比例。他们关注网络舆论热点，但并不积极参与讨论，而是选择观望、围观。这可能是因为他们对于舆论事件的态度不明确，或者是觉得自己的言论无法改变事件的进程和结果。这部分大学生在舆论事件中起到了旁观者的角色，通过观察他人的讨论和言论，了解事件的发展和社会舆论的态势。

第二，主动参与讨论的大学生数量也相当可观。他们不仅会关注舆论热点事件的进程和处理结果，而且会积极参与讨论，在现实生活和虚拟网络中表达自己的看法和观点。这种类型的大学生具有一定的社会责任感和参与意识，他们希望通过自己的言论和行动，为舆论事件的发展和结果做出积极的贡献。

第三，盲从型的大学生数量相对较少，但也存在一定比例。这部分大学生在舆论热点事件中倾向于跟随其他网友的评论和观点，缺乏独立思考和判断能力，处于一种盲从的状态。这可能是因为他们缺乏对事件的深入了解，或者是受到网络信息的误导和影响，导致跟风盲从他人的言论。

2. 大学生关注网络舆论热点的原因分析

网络舆论热点的内容及表达方式契合大学生的心理特征，满足其好奇心和表达自我的诉求，因此受到大学生的关注。

（1）大学生强烈的好奇心和探究欲使然

根据问卷调查数据显示，73.2% 的大学生关注网络舆论热点的目的是了解社会动态、增长知识面。当代大学生喜欢接触新鲜事物，他们思维活跃、个性鲜明，有强烈的好奇心，网络热点包罗万象，内容丰富，很大程度上满足大学生的好奇心。

（2）满足大学生表达自我的诉求

网络空间是一个自由、虚拟、开放的平台，是大学生表达自我的平台和途径，交流互动中的思想碰撞与交融能让大学生产生自我价值感。

（三）网络舆论热点对大学生思想倾向的影响

涉世不深、阅历较浅的大学生极易受到社会舆论的影响。思想倾向是指公民对现实社会的主导思想、价值取向、执政行为、政治经济发展情况的认同态度和倾向性意见，是其认知表达和情绪态度的统一。

1. 积极影响

（1）有利于大学生接触多元信息与思想

一方面，网络上的传播和交流主体呈现出多元化的特点。在网络空间中，大学生可以接触到来自不同领域、不同背景的人士，包括专家学者、普通公民、行业精英、机构组织等。这些不同主体的意见和观点相互碰撞、交流，为大学生提供了丰富多彩的思想资源。例如，在一场关于环境保护的网络讨论中，大学生可以听取环保专家对环境问题的看法，也可以了解普通公民对环境保护的呼吁和行动，从而获得不同层面的思想启发和理解。另一方面，网络上的信息内容也呈现出多样性。大学生可以通过网络获取各种各样的信息，涉及政治、经济、文化、科技、社会等各个领域。这些信息内容丰富多样，包括新闻报道、学术论文、社会观察、科普知识等，为大学生开阔了视野，拓展了思维。例如，大学生可以通过网络了解全球各地的时事新闻和热点事件，深入了解不同国家、不同文化背景下的社会现象和问题，从而形成更加全面和深刻的认识。

（2）关注网络舆论热点是大学生了解社会动态、完成社会化进程的重要途径之一

网络舆论热点是大学生见识各类社会现象、了解社会动态、积累社会经验的桥梁。大学生通过网络平台参与各种形式的社会实践活动，极大地推进了大学生社会意识的发展，促进大学生社会化的进程。

2. 消极影响

网络使人人都可以从旁观者变成参与者或评论者，但是网络舆情复杂，不乏片面或极端的观点和虚假信息，大学生尽管有足够的渠道了解信息，但是信息整合的意识与能力不够、网络媒介素养缺乏，网络舆论对大学生的消极影响不容忽视。

（1）侵蚀大学生的政治认同感

大学生的政治价值取向还未定型、理想信念还不够坚定，而且缺乏对热点事件发生的背景条件等诸多因素的全面考虑和理性分析，容易被网络舆论所干扰。青年大学生容易被利用社会问题发表煽动性或极端的思想动摇社会信心、政治认知和政治信仰容易被侵蚀。最终有可能影响或动摇大学生对中国特色社会主义理论、道路及党的方针、路线、政策等的理解和认同感。

（2）混淆大学生的历史观

大学生的历史知识通常来自学校教育和社会环境的影响，然而，他们掌握的历史知识可能并不全面，加之历史观尚未成熟稳定，容易受到外部信息的干扰和影响。

其一，新媒体上存在着大量的碎片化言论和花边新闻，这些内容往往缺乏历史的全面性和客观性，更注重于煽动情绪和制造话题。青年大学生在浏览这些内容时，可能因为其新颖性和吸引力而容易被其所影响，从而对历史事件和历史人物形成片面或错误的认知。

其二，新媒体的信息传播速度快，覆盖面广，使得大学生接触到的历史内容更加丰富多样。然而，这也意味着大学生需要更加谨慎地对待信息的真实性和可信度。一些不负责任的历史评论和解读可能会混淆大学生的历史观，导致其对历史事件的理解产生偏差或误解。

其三，新媒体上的历史内容往往以娱乐化的方式呈现，为了吸引眼球和增加点击率，可能夸大事实、断章取义，或者简化复杂的历史事件，导致大学生对历史的认知变得片面和肤浅。

（2）模糊大学生的道德判断

网民在匿名性和开放性的网络平台上容易置社会责任、道德义务于不顾，发出非理性的、粗俗的或偏激言论，这些不良的舆论会造成大学生在道德选择上的迷惘和道德信念的淡化。其一，匿名性给了网民一个遮掩身份的掩护，使得他们更容易发表不负责任的言论，而不必承担后果。在匿名的情况下，一些人可能会故意发布挑衅性、侮辱性甚至是煽动性的言论，这些言论往往违背社会的道德准则，但却会在网络上迅速传播，影响到大学生的道德判断。其二，开放性的网络平台容易成为不良信息和不良价值观念的传播渠道。一些不良的舆论热点，如低俗、暴力、歧视等内容，在网络上得到迅速传播，这些内容会模糊大学生的道德判断，使其对于什么是正确的道德行为产生困惑和迷茫。其三，一些不负责任的言论可能会对大学生的道德观念产生误导。在网络上，一些人可能会宣扬以自我为中心、不考虑他人感受的观点，使得大学生产生对道德义务和责任的忽视和淡化，甚至认为某些不道德的行为是可以接受甚至是值得称赞的。

（4）导致日常生活的浮躁心理甚至迷失人生方向

大学生受自身知识体系、经验认识等客观因素的限制，极易受泛娱乐化的网络舆论潜移默化的影响而产生浮躁、盲目或易变等的倾向。其一，泛娱乐化的网络舆论可能使大学生产生浮躁的心态。在网络上，充斥着大量的娱乐内容和花边新闻，这些内容往往以轻松愉快的形式呈现，容易吸引年轻人的注意力。然而，长期暴露在这种浮夸、肤浅的信息环境中，可能使大学生产生急功近利、急于求成的心态，而忽视了深入思考和持之以恒的重要性，从而影响其日常生活的品质和发展方向。其二，泛娱乐化的网络舆论也可能导致大学生盲目追随潮流，失去自我定位。在网络上，一些流行的话题或现象往往会引发热议和讨论，大学生可能会受到这些话题的影响，而盲目跟风或随波逐流，失去了对自己的独立思考和判断能力。这种盲目跟风的行为容易使大学生迷失自我，无法清晰地认识自己的人生方向和价值取向，从而导致迷失信仰和目标。其三，泛娱乐化的网络舆论可能对大学生的爱情观产生负面影响。一些娱乐八卦、明星绯闻等内容往往会成为大众关注的焦点，而大学生可能会受到这些内容的影响，导致其对爱情的看法产生变化。例如，一些轰动一时的明星婚姻、离婚事件可能会使大学生对爱情产生怀疑和不信任，从而影响其对爱情的态度和期待。

第三节　新媒体与大学生的思想解构与重构

一、新媒体时代下大学生思想观念的解构

（一）新媒体对传统思想观念的冲击

1.传统思想观念的颠覆

（1）信息传递模式的变革

传统上，政府机构、主流媒体等被视为权威的信息源，其传递的信息被认为是具有权威性和可信度的。然而，随着新媒体的兴起，信息传递模式发生了根本性的变革。大学生通过互联网平台、社交媒体等渠道获取信息的便捷性和多样性大大提高，不再局限于传统的媒体渠道。这种信息传递模式的变革导致了大学生对传统权威信息的依赖程度下降，开始更加倾向于从多元化、民主化

的媒体渠道获取信息。

（2）对权威信息的质疑态度

随着大学生获取信息途径的多样化，他们对传统权威信息的质疑态度逐渐增强。在新媒体的影响下，大学生更加意识到信息的多样性和主观性，开始对传统权威信息持更多的质疑和审视态度。他们不再盲目接受权威信息，而是更加倾向于通过自主思考和多方比较来判断信息的真实性和可信度。这种质疑态度的增强使得大学生更加理性和独立地对待信息，不再轻易受到传统权威信息的影响。

（3）信息认同度的下降

由于信息获取渠道的多样化和对权威信息的质疑态度增强，大学生对传统权威信息的认同度逐渐下降。他们开始更加注重信息的来源和可信度，更加倾向于相信来自多元化、民主化渠道的信息。这种信息认同度的下降反映了大学生思想观念的转变，他们逐渐意识到信息的多样性和复杂性，不再轻信单一权威信息，而是更加倾向于从多个角度去理解和分析问题。

2. 家庭观念和社会规范的重新定义

（1）新媒体传播方式的影响

新媒体以其高效、便捷的传播方式，使得信息的传播范围和速度大幅提升。这种传播方式的多样性和快速性，使得大学生接触到更加多元化和开放化的信息内容。他们可以通过网络平台获取到来自不同地区、不同文化背景的信息，对不同家庭观念和社会规范有了更加全面和多维度地了解。

（2）对传统观念的挑战与反思

新媒体所传播的信息内容往往具有更大的包容性和多样性，其中可能包括与传统家庭观念和社会规范相悖的内容。大学生在接触这些信息的过程中，开始对传统观念进行挑战和反思。他们不再盲目接受传统的家庭模式和社会规范，而是更愿意从多元化的角度去审视和重新定义这些概念。

（3）多元化的认知与重新定义

随着对传统观念的挑战和反思，大学生的认知模式也发生了转变。他们逐渐意识到家庭观念和社会规范并不是一成不变的，而是随着时代和社会的发展而不断演变和重构的。因此，大学生更愿意从多元化和开放化的角度去理解和重新定义家庭观念和社会规范，将其与当代社会的实际情况相结合，形成更加符合个人需求和社会发展的新观念和新规范。

（二）信息碎片化带来的认知模式转变

1.深度阅读与表面化信息获取的对比

（1）碎片化信息与深度阅读的对比

传统的深度阅读模式强调对一篇完整文章或书籍的深入阅读和思考，通过逐字逐句地阅读和理解，形成对知识和信息的全面把握和深度理解。然而，随着新媒体时代的到来，碎片化信息的涌入改变了人们获取信息的方式。大学生更倾向于通过浏览新闻客户端、社交媒体平台等方式，获取零散的信息碎片，而不是花费大量时间进行深度阅读。

（2）表面化信息获取的特点

表面化的信息获取模式具有即时性和便捷性的特点，符合现代社会快节奏的生活方式。大学生可以通过简短的标题、摘要或照片快速获取信息，满足自己对于即时信息的需求。然而，这种表面化的信息获取方式也存在着诸多问题。首先，由于信息碎片化，大学生只能获取到信息的表面内容，而无法深入理解信息背后的内涵和意义。其次，表面化的信息获取模式容易导致大学生对于复杂问题的理解能力下降，缺乏对问题的系统性思考和分析能力。最后，即时满足的信息获取需求可能使大学生对于深度思考和知识积累产生抵触心理，导致思维的表面化和肤浅化。以社交媒体为例，大学生通过浏览微博、微信公众号等平台获取信息已成为常态。然而，社交媒体上的信息呈现出碎片化、快速化的特点，往往以标题党和短视频的形式呈现，用户只需花费几秒钟便可浏览完毕。这种信息获取模式使得用户更偏向于追求短时的刺激和娱乐，而忽视了对于深度思考和知识积累的重视。

（3）深度阅读的重要性与挑战

尽管表面化信息获取方式具有便捷性和即时性的优势，但深度阅读仍然是获取知识和信息的重要途径之一。深度阅读能够帮助大学生培养扎实的知识储备和思维能力，提升对于复杂问题的理解和分析能力。然而，深度阅读也面临着诸多挑战，如时间成本高、阅读难度大等问题，需要大学生付出更多的耐心和精力去克服。

2.思维方式的转变

（1）传统认知模式的特点

传统的认知模式强调深度阅读和思考，通过仔细阅读文献、书籍或文章，人们可以深入了解问题的本质、原因和解决方法。这种认知模式注重逻辑推理和系统思考，追求知识的全面和深度，有助于培养人们的批判性思维和创造性思维能力。

（2）新媒体时代的认知模式转变

然而，随着新媒体时代的到来，大学生更倾向于接受碎片化的信息，比如快速浏览新闻客户端的头条新闻、观看短视频或浏览社交媒体上的图文并茂的内容。这种认知模式的转变导致了大学生思维方式的表面化和片面化。他们习惯于接受即时的、简单的信息，而不愿花费时间和精力去深入思考和分析问题。这种认知模式的转变可能导致大学生对于复杂问题的理解能力受到限制，缺乏系统性思考和全面性分析的能力。以社交媒体为例，大学生经常通过浏览微博、抖音、照片墙（Instagram）等平台获取信息。这些平台上的内容往往以图文并茂、简短易懂的形式呈现，符合大学生追求即时、简单信息的需求。然而，这种信息获取方式存在着信息的碎片化和表面化的问题，使得大学生缺乏对于问题的深入思考和全面理解的能力。

（三）个性化信息流带来的思想分化

1.信息过滤与思想偏见

随着新媒体技术的飞速发展，特别是个性化推荐算法的应用，大学生所接触到的信息呈现出了更加个性化和定制化的特点。然而，这种个性化推荐也带来了一些问题，其中最突出的就是信息过滤与思想偏见的存在。

信息过滤是指个性化推荐算法根据用户的历史浏览记录、点赞行为、搜索习惯等个人信息，为用户提供符合其兴趣和偏好的信息内容。这种个性化推荐的确能够让用户更快速地获取到感兴趣的信息，提高信息获取的效率和准确性。然而，信息过滤也带来了一个严重的问题，即用户可能会陷入信息茧房，只看到与自己观点相符的信息，忽视或排斥与自己观点相悖的信息。这种情况下，大学生容易形成思想偏见，对于不同观点和声音缺乏包容和理解，导致了思想观念的狭隘化和极化。举例来说，某个大学生在新媒体平台上经常浏览和点赞某一政治观点的文章和评论，而很少接触和关注其他政治观点的内容。由于个性化推荐算法的作用，他每天看到的都是与自己观点相符的信息，而很少有机会接触到不同的观点和看法。久而久之，他对于其他政治观点的了解和理解变得片面和不足，容易对异己观点产生偏见和排斥情绪。

2. 思想碰撞与多元化

多元化的信息流不仅包含了各种不同观点和立场的声音，还涵盖了不同文化、历史和社会背景下的思想碰撞和交流。这种思想碰撞与多元化为大学生的思想观念开拓了更广阔的空间，具有以下三个方面的意义和影响。

首先，思想碰撞与多元化能够促进大学生的思维深度和广度。在传统的思想观念中，大学生往往受限于特定的文化、社会和家庭背景，思维容易陷入狭隘和局限。然而，通过接触来自不同文化和背景的信息，大学生可以拓展自己的思维边界，从而更加全面地理解和分析问题，提升自己的思维深度和广度。其次，思想碰撞与多元化有助于培养大学生的批判性思维和辨析能力。面对来自不同观点和立场的信息，大学生需要学会进行批判性思考和辨析，分辨信息的真伪、价值和意义。这种思辨能力不仅可以帮助他们更好地理解社会现实和问题，还能够提高他们的分析和判断能力，使其成为具有独立思考能力的人才。再次，思想碰撞与多元化能够促进大学生的跨文化交流和理解能力。在信息交流和思想碰撞的过程中，大学生不仅能够接触到来自不同文化背景的信息，还能够与其他人进行跨文化交流和互动。这种跨文化交流能够增进大学生对不同文化的理解和尊重，拓展他们的国际视野和跨文化沟通能力，为其未来的国际交往和合作打下良好基础。最后，思想碰撞与多元化有助于培养大学生的包容性和开放性。通过与不同观点和立场的信息进行碰撞和交流，大学生可以学会尊重和接纳不同的声音和观点，增强自己的包容性和开放性。这种包容性和开放性不仅可以促进社会和谐与稳定，还能够推动社会的进步和发展，为构建开放、包容、和谐的社会环境做出贡献。

二、新媒体对大学生思想观念的重构

（一）多元信息的碰撞与整合

1. 信息碰撞与思想碰撞

在新媒体时代，大学生通过互联网平台接触到了前所未有的丰富信息资源，这些信息涵盖了各个领域的知识和观点，形成了信息碰撞的局面。在这种信息碰撞的背景下，大学生的思想观念不可避免地会面临挑战和冲击，从而产生思想碰撞的现象。这种思想碰撞既是新媒体时代的必然结果，也是大学生思想观念多元化和开放化的重要表现。

首先，信息碰撞带来了不同领域的知识和观点交流。在新媒体平台上，大学生可以接触到来自不同学科、不同领域的信息，包括但不限于政治、经济、文化、科技等方面的知识和观点。这些信息之间相互交融、相互碰撞，为大学生提供了更加全面和多元的视野，有助于他们拓展自己的认知边界，提升自己的综合素养。其次，信息碰撞带来了不同立场和观点的交锋。在新媒体平台上，大学生可能会接触到来自不同政治立场、宗教信仰、文化背景等的信息和观点。这些信息之间可能存在分歧和对立，引发大学生思想观念的碰撞和冲突。例如，一些政治事件或社会议题往往会引发社会上不同立场的讨论和争论，从而使大学生思想观念在辩论和交流中得到不断地碰撞和淬炼。再次，信息碰撞带来了价值观念的对比和思考。在新媒体平台上，大学生可能会接触到不同文化、不同价值取向的信息和观点，这些信息会对他们原有的价值观念带来影响和挑战。例如，一些国际性事件或文化现象可能会引发大学生对于自己的文化认同和价值取向的反思，从而使他们更加深入地思考和理解自己的文化身份和社会责任。最后，信息碰撞促进了思想观念的多元化和开放化。在新媒体平台上，大学生可以接触到来自不同地区、不同民族、不同文化背景的信息和观点，这些信息的交流和碰撞有助于打破思想的局限性，促进大学生思想观念的多元化和开放化。通过与他人的信息交流和思想碰撞，大学生可以更加深入地理解和认识世界，拓展自己的思维边界，实现个人思想观念的重构和升华。

2. 信息整合与思想开放

随着信息技术的发展和新媒体的兴起，大学生接触到的信息愈发丰富多彩，来自各个领域的观点和见解层出不穷。这种信息的多元化和碰撞使得大学生的思想态度逐渐变得宽容和包容，从而促进了他们的思想开放与成长。

首先，信息整合带来了跨领域思考的能力。大学生在接触到来自不同领域的信息后，逐渐学会了将不同领域的知识进行整合和融合，形成跨学科的思维方式。例如，一位学生可能通过学习社会学、心理学和经济学等不同学科，从多个角度分析和解决社会问题，这种跨领域的思考能力有助于他们更全面地理解世界。其次，信息整合促进了多元化观点的接纳和尊重。在信息碰撞的过程中，大学生不仅仅接触到了来自不同领域的知识，还接触到了来自不同文化、不同价值观念的观点和见解。这种多元化的信息碰撞使得大学生逐渐学会了尊重和接纳他人的观点，形成了开放和包容的思想态度。例如，一位大学生可能会在互联网上看到来自不同国家和地区的人对于同一个问题的不同看法，从而认识到世界的多样性和复杂性。再次，信息整合培养了批判性思维和独立思考能力。在信息碰撞的过程中，大学生不仅仅是被动接受信息，更是通过对信息的分析和思考来形成自己的观点。这种批判性思维和独立思考能力使得大学生能够更加客观地看待问题，不被单一观点所左右，从而形成更加成熟和深刻的思想观念。例如，一位学生可能会在阅读新闻报道时对报道内容进行分析和质疑，从而形成自己对于事件的独立见解。最后，信息整合促进了社会参与和公民意识的培养。在信息碰撞的过程中，大学生不仅仅是被动接受信息，更是通过对信息的分析和思考来形成自己的观点。这种批判性思维和独立思考能力使得大学生能够更加客观地看待问题，不被单一观点所左右，从而形成更加成熟和深刻的思想观念。例如，一位学生可能会在阅读新闻报道时对报道内容进行分析和质疑，从而形成自己对于事件的独立见解。

（二）网络互动与共建共享

1. 开放的交流平台

新媒体平台作为开放、自由的交流平台，为大学生提供了一个广阔的舞台，使得他们可以在虚拟的网络世界中与他人进行信息交流和观点讨论。这种开放的交流平台不仅仅促进了信息的传播和交流，更重要的是促进了思想的碰撞和共建，对大学生的成长和发展起到了积极的促进作用。

首先，新媒体平台为大学生提供了一个公平的交流环境。在传统的社交场合中，一些羞怯或者话少的学生可能会由于自身的性格特点而不愿意表达自己的观点，导致了信息的不对称和信息的局限性。然而，在网络平台上，每个人都可以平等地发表自己的意见和看法，不受时间和地域的限制，这种公平的交流环境使得大学生更加愿意积极参与到信息交流和观点讨论中。其次，新媒体平台促进了思想的碰撞和交流。在网络平台上，大学生可以与来自不同地区、不同文化背景、不同学科领域的人进行交流，从而接触到更广泛的观点和见解。例如，在一个社交媒体上，一位文科专业的学生可能会与一位理工科专业的学生进行交流，从而了解到不同学科领域的思维方式和解决问题的方法，这种跨学科的思想碰撞有助于促进大学生思维方式的多样化和开放性。再次，新媒体平台促进了信息的共建和共享。在网络平台上，大学生可以通过分享自己的经验、见解和观点，为他人提供有益的信息和建议。例如，一个大学生在网络上分享了自己的学习方法和经验，其他学生看到后也可以借鉴和参考，从而提高学习效率和成绩。这种信息的共建和共享有助于促进信息的流通和传播，提高了信息的利用效率和社会效益。最后，新媒体平台培养了大学生的网络素养和批判思维能力。在网络平台上，大学生需要学会辨别信息的真伪和可信度，提高自己的信息获取能力和信息处理能力。例如，一个大学生在网络上看到了一个新闻报道，需要通过查证和核实来判断其真实性和可信度，这种批判性思维能力是大学生在信息社会中必备的能力之一。

2. 多元化的观点交流

在网络互动的过程中，大学生不仅可以与来自不同地区、不同文化背景、不同学科领域的人们进行交流，还能够在不同的网络平台上接触到各种各样的信息和观点。这种多元化的观点交流给大学生带来了更广阔的视野和更丰富的思想碰撞，对他们的成长和发展产生了积极的影响。

首先，多元化的观点交流拓展了大学生的思维边界。在网络互动中，大学生能够接触到来自不同文化、不同学科领域的人们，他们可能会持有各种不同的观点和看法。通过与这些人进行交流和讨论，大学生能够了解到不同文化背景下的思维方式和价值观念，从而拓展自己的思维边界，更加全面地认识世界。其次，多元化的观点交流促进了大学生思想观念的更新和升华。在网络平台上，大学生可能会接触到一些新颖的观点和思想，这些观点可能会挑战他们原有的认知和观念。通过与他人的交流和讨论，大学生能够重新审视自己的思想观念，思考问题的角度和方法，从而实现思想观念的更新和升华。再次，多元化的观点交流培养了大学生的批判性思维能力和辨别能力。在网络互动中，大学生需要学会分辨信息的真伪和可信度，判断他人观点的合理性和逻辑性。通过与他人的交流和讨论，大学生能够提高自己的批判性思维能力，培养自己的辨别能力，从而更加理性地对待信息和观点。最后，多元化的观点交流促进了大学生的人际交往能力和沟通能力。在网络平台上，大学生需要与来自不同文化背景和学科领域的人进行交流和互动，这要求他们具备良好的人际交往能力和沟通能力。通过与他人的交流和讨论，大学生能够提高自己的人际交往能力，学会与他人进行有效地沟通和合作，从而更好地适应社会的发展和变化。

（三）自主选择与价值判断

1.理性思考与价值判断

（1）信息辨别与真实性评估

在新媒体时代，大学生需要具备良好的信息辨别能力，能够准确判断信息的真实性和可信度。面对互联网上的海量信息，大学生应当学会辨别信息的来源、发布者、内容和立场，以及信息背后的意图和目的。通过对信息的全面分析和评估，大学生可以做出理性的判断，从而避免受到虚假信息的误导和影响。例如，在阅读新闻报道时，大学生可以通过比对多家媒体的报道，了解事件的多角度信息，判断报道的客观性和公正性。在浏览社交媒体时，大学生可以注意信息发布者的身份和动机，对于疑似谣言或不实信息应当保持警惕，不轻易相信或传播。通过这样的信息辨别和真实性评估，大学生可以在信息泛滥的环境中保持清醒的头脑，确保自己获取到的信息是准确可信的。

（2）价值观念与思想观念的塑造

大学生在进行信息辨别和真实性评估的同时，也应当对信息背后的价值观念和思想观念进行评估和反思。他们需要意识到，每一条信息都是由特定的价值观念和立场所塑造的，而这些价值观念和立场可能会影响到自己的思想观念和价值判断。举例来说，在阅读社会热点话题时，大学生应当审视不同报道背后的立场和态度，理解报道所传递的价值观念和意识形态。通过比较不同媒体的报道方式和态度，大学生可以更清晰地认识到信息传播中的主观因素和立场倾向，从而保持自己的理性判断和独立思考。

（3）批判性思维与信息素养水平的提升

在进行自主选择和价值判断的过程中，大学生需要运用批判性思维，对信息进行深入地分析和评估。他们应当学会质疑和探究信息的来源、逻辑和可信度，发现信息中可能存在的漏洞和偏见。通过这样的批判性思维，大学生可以提高自己的信息素养水平，增强对信息的理解和掌握能力，从而更好地应对复杂多变的信息环境。举例来说，在接受某一观点或信息时，大学生可以提出相关问题，探究信息的逻辑和论据是否合理，从而判断其可信度和科学性。通过这样的批判性思维训练，大学生可以培养自己的辨别能力和分析能力，更好地理解和运用信息，提升自己的信息素养水平。

（二）积极向上的思想建构

1. 获取建设性信息与知识积累

在进行自主选择和价值判断的过程中，大学生应当注重获取具有建设性和积极意义的信息，积极追求知识的积累和提升。他们应当关注与自身学习、工作和生活相关的内容，主动搜索和阅读与专业知识和兴趣爱好相关的信息，不断拓展自己的知识面和见识。例如，在学习专业知识方面，大学生可以通过阅读学术期刊、参加学术讲座等方式获取最新的研究成果和学术动态，加深自己对专业知识的理解和掌握。在培养兴趣爱好方面，大学生可以关注社交媒体平台上的相关专题页面或群组，参与讨论和交流，结识志同道合的朋友，分享彼此的学习和成长经验。通过积极获取建设性信息和知识积累，大学生可以不断丰富自己的思想内涵，提升自己的综合素质和竞争力。

（2）抵制负面信息与价值导向

在信息爆炸的时代，大学生面临着来自社交媒体等各种渠道的负面、低俗信息的干扰和诱惑。然而，积极向上的思想建构要求大学生能够抵制这些负面信息的影响，保持良好的心态和积极的生活态度。他们应当学会筛选和过滤信息，拒绝接受对自己产生不良影响的内容，保持积极乐观的心态。例如，在社交媒体上，大学生可以主动屏蔽或取消关注一些低质量、低俗的内容创作者或页面，避免被不良信息所侵扰。同时，他们也应当树立正确的人生观和价值观，明确自己的价值追求和目标，不轻易受到外界负面舆论和压力的影响，保持对生活和未来的积极向上态度。

（3）积极参与社会实践与公益活动

积极向上的思想建构不仅包括个人的价值追求和心态调整，还应当体现在社会实践和公益活动中。大学生可以通过参与志愿服务、社会实践等方式，将自己的思想与行动结合起来，为社会的发展和进步贡献自己的一份力量。通过与社会各界的互动和交流，大学生可以更加深入地了解社会现实和问题，提升自己的社会责任感和公民意识。例如，在参与志愿服务活动时，大学生可以通过实际行动关爱弱势群体、推动社会公益事业的发展，从而体现出积极向上的社会责任感和公民意识。通过这样的社会实践，大学生可以将自己的思想观念与社会实践相结合，形成更加坚实的思想基础和价值取向，为实现个人价值和社会进步做出更加积极的贡献。

第五章 新媒体时代下大学生思政教育的创新策略

第一节 创新理念与指导思想

一、新媒体视域下高校思想政治教育路径选择的原则

面对新媒体带来的冲击，要开展好新时期高校思想政治教育工作，保证其实效性，强化思想政治教育的教育效果，应该坚定不移地坚持导向原则、适应原则、占领原则、互动原则等，只有在开展高校思想政治教育过程中把握这些基本原则，才能更好的将思想政治教育落到实处。

（一）导向原则

导向原则是指全部的思想政治教育活动要始终以社会发展的要求为导向，始终坚持正确的政治方向不动摇。这一原则反映的是思想政治教育的本质要求和基本规律，是思想政治教育必须坚持的根本原则。

1.思想政治教育导向原则的重要性

（1）社会主义方向的坚定不移

在新媒体时代，思想政治教育导向原则的核心是始终坚定不移地坚持社会主义和共产主义方向。这一原则的重要性在于确保思想政治教育的目标与社会发展的方向相一致，不偏离党和国家的根本利益。面对新媒体传播主体的多样性和信息内容的多元性，如果思想政治教育不坚持正确的政治方向，可能会出现思想偏差和价值观念的混乱，影响到青年学生的思想认识和行为表现。

（2）党的基本路线、方针、政策的不动摇

思想政治教育导向原则要求始终坚持党的基本路线、方针、政策不动摇。

这一原则的重要性在于确保思想政治教育的内容和形式符合党的路线、方针、政策的要求，能够引导青年学生树立正确的政治立场和价值取向。在新媒体环境下，信息的传播速度和范围更加广泛，如果思想政治教育不贯彻党的基本路线、方针、政策，可能会受到错误观念和思潮的影响，导致思想偏离和行为失范。

（3）共产主义信念的坚定教育

思想政治教育导向原则要求对青年学生进行坚定共产主义信念的教育。这一原则的重要性在于引导青年学生树立正确的世界观、人生观和价值观，培养他们为实现共产主义事业而奋斗的信念和决心。在新媒体时代，青年学生面临着各种思想和价值观念的冲击和诱惑，如果思想政治教育不能坚定青年学生的共产主义信念，可能会导致其思想动摇和行为不稳定，影响到整个社会的稳定和发展。

2.贯彻导向原则的策略与方法

（1）提高自觉性

在新媒体视域下，高校思想政治教育要提高贯彻导向原则的自觉性。这包括加强对新媒体平台的监管和管理，建立健全的信息审核机制，确保思想政治教育的内容符合导向原则的要求。同时，还需要加强师生之间的沟通和交流，增强学生对导向原则的理解和认同，使其能够自觉地遵循导向原则，树立正确的思想观念和行为准则。

（2）注重科学性

在新媒体视域下，高校思想政治教育贯彻导向原则要注重科学性。这包括采取科学的方式方法，提高思想政治教育的针对性和有效性，使其能够更好地引导学生树立正确的思想观念和行为规范。同时，还需要结合新媒体平台的特点，创新思想政治

（二）适应原则

适应原则是指思想政治教育的目标、内容、过程等一定要适应新媒体的新情况、新特点，研究新问题，采用创新的方式方法，以达到新媒体视域下有序、有效开展思想政治教育的目的。适应原则是新媒体视域下改进思想政治教育方法应该遵循的重要原则之一。新媒体具有开放性、资讯海量多元、传播速度快

等特点，深受高校青年学生的喜爱和欢迎，为高校思想政治教育带来了新的丰富的教育内容、全新的教育方式等，因而也成了新时期高校思想政治教育需要开辟和占领的重要阵地。在新媒体大背景下坚持适应原则应该做到以下三点。

1.要坚持实事求是的精神

要坚持实事求是的精神是高校思想政治教育的重要原则之一，它要求教育工作者必须根据社会生活和学生的实际情况进行思想政治教育，不偏不倚地客观看待问题，避免主观性和盲目性的干预。

在当前新媒体的背景下，高校思想政治教育必须紧密结合新媒体的特点和学生的实际需求，以实事求是的态度进行教育工作。首先，教育工作者需要时时关注和重视新媒体视域下高校思想政治教育出现的新情况、新问题，及时反映学生的思想动态和心理变化。其次，需要深入研究新媒体在思想政治教育中的作用和影响，认真分析其对学生思想观念的塑造和引导，以便更好地应对挑战和问题。最后，教育工作者还应该借助新媒体平台，拓展教育渠道，创新教育模式，提高教育工作的实效性和针对性。

2.要坚持理论与实际相结合

要坚持理论与实际相结合是高校思想政治教育的基本原则之一。这意味着思想政治教育工作者不仅需要掌握并运用好思想政治教育的重要理论，还需要不断关注并适应新媒体视域下的实际情况，将理论与实践有机结合起来。

在新媒体时代，思想政治教育者需要不断学习和吸收最新的理论成果，但又不能僵化地拘泥于理论框架。相反，应该在高校思想政治教育的实践中，及时发现和解决新情况、新问题，深入研究实践经验，不断总结经验教训。通过理论与实践相结合，思想政治教育者能够更好地指导学生，更有效地促进学生的思想觉悟和价值取向的形成。

只有将理论与实际相结合，才能使得思想政治教育更加贴近学生的实际需求，更好地适应新媒体环境的变化，从而提升高校思想政治教育的实效性和影响力。

3.要坚持与时俱进

坚持与时俱进是思想政治教育工作的重要原则之一。随着社会的不断变化和发展，新媒体技术也在不断进步，这意味着思想政治教育工作者必须不断关注和研究新情况，对教育内容、形式和方法进行调整和更新，以适应时代的发展和学生的需求。

在新媒体时代，思想政治教育工作者需要不断了解新媒体技术的发展趋势和应用情况，积极探索和利用新媒体平台进行思想政治教育。同时，也要关注学生的思想观念变化，及时调整教育内容和方法，使之更符合学生的实际需求和时代特点。

（三）占领原则

占领原则是指思想政治教育要融入新媒体背景下的经济工作、文化工作、管理工作等各方面工作及日常生产生活中去，更要用先进的主流价值观念占领新媒体这一人们的重要思想阵地，引导人们在日常生产生活中以及新媒体网络世界中都做出正确的价值选择。思想政治教育只有不断拓展新阵地，渗透并占领到各个方面、各具体的学习、工作、生活以及新媒体网络世界中，才能发挥思想政治教育的指导作用，且以实际生活为根，理论之树才能常青。新媒体环境下，高校思想政治教育更应该及时占领新媒体阵地制高点，才能提高思想政治教育针对性和时效性。

1. 强化思想政治教育与新媒体的结合

新媒体技术的迅速发展使得思想政治教育面临着前所未有的挑战和机遇。为了更好地适应这一变革，必须强化思想政治教育与新媒体的结合，将思想政治教育融入经济、政治、文化等各项具体事务和人们的日常学习、生活中。首先，高校思想政治教育工作者应自觉将思想政治教育渗透到新媒体网络世界中，通过新媒体平台进行广泛宣传和教育。其次，要加强对新媒体平台的运用，利用其丰富的功能和便捷的传播渠道，实现对学生的全方位教育影响。最后，应加强对新媒体环境下的思想政治教育研究，不断探索新的教育方法和手段，以提高思想政治教育的针对性和时效性。

2. 建立全媒体齐抓共管的教育格局

在新媒体时代，思想政治教育必须建立全媒体齐抓共管的教育格局，以充分利用各种传播渠道和资源，形成合力，提高教育效果。首先，要加强各部门之间的协调合作，形成一体化的思想政治教育管理机制，实现资源共享和信息互通。其次，要充分发挥新媒体的优势，通过多种形式和渠道进行思想政治教育，包括网络平台、移动应用、社交媒体等。最后，要建立科学的评估体系，及时监测和评估思想政治教育的效果，为不断优化教育策略和方法提供依据。

3.深度渗透思想政治教育各方面

要将思想政治教育渗透到生活的各个方面，实现潜移默化的教育效果。首先，要将思想政治教育与经济、业务等方面深度结合，引导学生在实践中树立正确的思想观念和价值取向。其次，要注重思想政治教育的实践性和针对性，通过丰富多彩的活动和项目，培养学生的实践能力和创新精神。最后，要重视学校文化建设，营造浓厚的思想政治教育氛围，激发学生的学习热情和创造潜力。

（四）互动原则

1.尊重教育对象的主体地位

（1）教育主体的地位转变

传统上，教育者通常处于主导地位，而受教育者则扮演被动接受知识的角色。然而，在新媒体时代，受教育者对于信息的获取和应用拥有更多的主动性和选择权。他们通过新媒体渠道接触到各种知识和观点，积极地参与讨论和互动，从而影响着教育的方向和内容。

（2）尊重个体差异

高校思想政治教育需要充分尊重学生的个体差异和多样性。每个学生都有自己独特的认知方式、学习风格和思维模式，因此，在教育过程中应当灵活运用不同的方法和策略，以满足不同学生的需求和特点。

（3）倡导平等互动

在新媒体环境下，教育者与受教育者之间的互动更应建立在平等的基础上。教育者不再是唯一的知识传授者，而是与学生共同构建知识、分享经验的伙伴。通过开展双向互动的教学活动，可以更好地激发学生的学习兴趣和主动性。

2.调动学生的自我教育能动性和积极性

（1）激发学习兴趣

教育者应当通过各种方式激发学生的学习兴趣，使他们对思想政治教育产生浓厚的兴趣和热情。通过引导学生主动探索、发现和思考，激发其自我教育的动力和积极性。

（2）鼓励参与互动

在新媒体平台上，学生更容易展现自己的观点和想法，因此，教育者应当鼓励学生积极参与讨论和互动。通过组织在线讨论、发布任务和作业等方式，促进学生之间的交流和合作，培养其自我教育的能动性。

（3）提供个性化学习支持

针对不同学生的学习需求和水平，教育者可以提供个性化的学习支持和指导。通过定制化的教学内容和教学方法，激发学生的学习兴趣和动力，引导他们积极参与思想政治教育的学习过程。

3.促进主客体间的良性互动

（1）建立开放平等的沟通机制

教育者应当建立开放、平等的沟通机制，与学生进行真诚、积极地沟通交流。通过定期开展师生座谈、心理辅导和个人指导等活动，促进主客体之间的良性互动，增进彼此之间的理解和信任。

（2）倡导多元化的参与形式

高校思想政治教育应当倡导多元化的参与形式，让学生通过不同的方式参与到教育活动中来。除了传统的课堂教学外，还可以组织学生参加社会实践、志愿服务和文化活动等，拓展其参与思想政治教育的渠道和方式。

（3）建设互动平台

教育者可以利用新媒体平台建设互动平台，为学生提供在线交流和学习的机会。通过开展网络讲座、在线讨论和社交媒体互动等活动，促进主客体之间的良性互动，实现思想政治教育目标的有效达成。

二、引导思想政治教育观念转变

（一）思想政治教育观念转变的必要性

做好高校的思想政治工作，要坚持因事而化、因时而进、因势而新，并要运用新媒体新技术使思想政治教育工作活起来，推动思想政治工作的传统优势同新媒体信息技术进一步高度融合，以增强时代感和吸引力。那高校思想政治教育需要根据现实情况而有所变化，随着科技的发展与运用，新媒体技术背景下各种媒介、客户端正在不断地与大众进行最大限度的无缝对接与融合。当今时代是信息飞速发展的时代，新媒体对大众影响的深度和广度正在愈加深入，难以估量。新媒体在改变人们思维方式的同时，也在深刻地改变着知识的传播方式和教育的共享方式，从而使得思想政治教育的生态环境也发生着深刻的变迁。主动深入，充分了解与利用新媒体信息的时效性，是每一个新媒体时代背景下的个人必不可少的一项重要技能，可以这么说，谁拥有最新资讯的发言权和掌握权，谁就把握住了新时代的主动权。高校思想政治教育工作是为社会主义现代化建设事业培养优秀继承人的工作，同时我们也必须深刻认识到，中国的现代化是信息的现代化，也就是新媒体的高度集中、集成和运用的现代化，高校思想政治教育工作必须立足在此背景下，不能够固步自封，停滞不前，不仅应该要有清醒的理论自觉、坚定的政治信念，更要有科学的新媒体思维方法，应该着力于树立占领新媒体阵地的思想意识，转变传统的思想政治教育观念，将新媒体思维融入进高校思想政治教育工作中去，使高校思想政治教育工作可以源源不断地为社会主义现代化输送新鲜血液和优秀的人才。

具体落实到高校思想政治教育工作层面，可以尝试建立起专门的高校思想政治教育主题性网站，以达到增强高校思想政治教育吸引力、感召力和渗透力的目的。还可以融合新媒体所具有的即时通信的优势，向高校青年学生们积极推广和推送高校思想政治教育的有关内容。随着新媒体的普及和日益便利化，传统媒体的主导地位正在慢慢地减弱，与之不同的是新媒体阵地正与日俱增地在拓展，而占领新媒体阵地的重要性更是不言而喻。在教育实践过程中，思想政治教育引导作用能否充分发挥，取决于是否对于新媒体阵地的占领，每占领一个重要的新媒体阵地，就是在此插上了一面引导高校青年学生、激励高校青年学生的旗帜。如果说传统的思想政治教育属于四面分兵，全盘设防，那么占领新媒体阵地就好比是集中优势，重点设防。不言而喻，后一者以其特有的灵活性更能适应新媒体信息化时代思潮涌动下新媒体的发展。

（二）具体落实思想政治教育观念转变的路径与方法

思想政治教育工作者更要充分认识到新媒体作为一种新型的思想政治教育有效载体形式和无处不在、无孔不入的媒体教育环境是可以改变很大程度上影响人们的观念、思维、生产生活方式的，并在其中发挥着重要作用，所以要引起足够的重视并加以利用。

1. 在新媒体视域下，要形成高校思想政治教育整体性思维

在新媒体时代，高校思想政治教育需要形成整体性思维，以更好地适应当代大学生的需求和新媒体的特点。新媒体的多样性、开放性和丰富性为思政教育提供了全新的发展机遇和挑战。如何有效利用新媒体，实现思政教育工作的整体性、全局性和协同性，成为当前高校思政教育的重要课题。

首先，利用新媒体进行全局性把握是高校思想政治教育整体性思维的基础。新媒体平台以其信息传播的广泛性和即时性，成为高校思政工作者了解学生思想动态、社会舆论热点的重要渠道。通过对新媒体上涌现的话题、观点和声音进行监测和分析，可以把握到学生群体的主流思想倾向和关注焦点，为思政教育工作提供及时、准确的参考信息。其次，利用新媒体增强思想政治教育各要素间的联系，是高校思政教育整体性思维的关键环节。新媒体平台具有多媒体、互动性强的特点，可以实现文字、图片、音频、视频等形式的内容呈现，为思政教育提供了丰富的表现形式。高校思政工作者可以通过构建多媒体、跨平台的教育内容，加强不同要素之间的关联和互动，使思政教育内容更加丰富多彩、立体全面，增强学生的学习体验和思想感受。最后，利用新媒体促进思想政治教育的协同性，是高校思政教育整体性思维的重要体现。新媒体平台具有信息传播的快速性和覆盖面广的特点，可以实现跨时空、跨地域的信息传递和交流。高校思政工作者可以充分利用新媒体平台搭建教育资源共享的平台，加强各学科、各部门之间的信息共享和协同合作，实现思政教育工作的整体推进和高效运行。

2. 在新媒体视域下，要形成高校思想政治教育开放性思维

在新媒体时代，高校思想政治教育需要形成开放性思维，以适应社会发展和学生需求的变化，实现教育内容的丰富多元和教育方式的创新发展。新媒体的核心理念是开放和共享，这为高校思政教育提供了更广阔的发展空间和更多的创新可能性。要形成高校思想政治教育开放性思维，需要从以下三个方面着手。

第一，树立开放共享的思想政治教育观念。传统上，思政教育往往是封闭的、单向的，由教师向学生传授知识和观念。然而，在新媒体时代，信息的传播已经变得更加开放和自由。因此，高校思政教育需要树立开放、共享的理念，鼓励师生之间进行思想交流和互动，促进知识的共享和共建。只有打破传统的

封闭模式，才能真正吸引更多的受众，保持教育的生机和活力。

第二，利用新媒体促进思想政治教育的动态更新。在新媒体时代，信息的传播速度越来越快，知识更新的速度也越来越快。因此，高校思政教育需要及时更新教育内容，保持与时俱进。同时，要保留思政教育的核心要义和经典理论，将其与时代的发展相结合，注重在新媒体平台上推广和宣传，使思政教育更具吸引力和影响力。利用新媒体技术，可以实现思政教育的跨时空传播，打破地域限制，实现教育资源的共享和交流，为广大师生提供更丰富、更全面的学习体验。

第三，加强对新媒体技术的运用和创新。新媒体技术的发展为思政教育提供了丰富多样的教育形式和手段，如网络直播、微信公众号、短视频等。高校思政教育需要充分利用这些新媒体平台，创新教育内容和形式，增强教育的开放性和包容性。通过构建开放型的教育平台，引入多样化的教育资源和观点，为学生提供更加丰富、立体的思政教育环境，激发学生的学习兴趣和创新能力。

3. 在新媒体视域下，要形成高校思想政治教育的多元复杂性思维

传统的思想政治教育已经不能满足当代学生的需求，他们更倾向于通过新媒体获取信息和知识，因此，我们需要适应这一趋势，利用新媒体优化思政教育的方式和方法。

首先，思想政治教育工作者需要意识到新媒体的多样性和开放性。新媒体平台包括社交媒体、网络论坛、短视频平台等，每种平台都有其独特的特点和受众群体。因此，我们不能简单地将传统的教育方式搬到新媒体平台上，而是需要根据不同平台的特点制定相应的教育策略，实现个性化教育。其次，思想政治教育应该具有针对性和适应性。随着新媒体技术的不断发展，学生获取信息的方式也在不断变化。因此，我们需要根据学生的需求和兴趣，灵活调整教育内容和形式，使之更加贴近学生的实际情况，增强教育的针对性和适应性。另外，思想政治教育还应该具有多样性和包容性。新媒体平台上的信息呈现形式丰富多样，涵盖了文字、图片、视频等多种形式。因此，我们可以通过多种形式的信息呈现，满足不同学生的学习需求，促进他们的全面发展。同时，我们也应该尊重学生的个性差异，包容不同观点和思想，促进学生之间的交流和互动。最后，思想政治教育工作者需要不断学习和创新，与时俱进。新媒体技术日新月异，教育形式也在不断演变。因此，我们需要保持学习的态度，积极

探索新的教育方法和手段，不断提高教育的质量和水平，以适应新时代的需求和挑战。

三、发挥学生主观能动性

新媒体视域下开展高校思想政治教育工作，要充分发挥学生的主观能动性，在实际的教育教学工作中坚持多措并举，突出学生主体，进一步拓展、拓宽思想政治教育途径。

（一）发挥学生主观能动性

1.增强主体意识

在新媒体时代，高校思想政治教育必须与时俱进，重视学生的主体意识，这是确保教育成效的关键。传统的单向灌输模式已逐渐被淘汰，而双向互动的交流模式正在成为主流。在这样的背景下，学生不再是被动接受信息的被动者，而是应当成为积极参与者和思考者。新媒体的互动性和开放性为学生提供了更广阔的舞台，使他们能够更自主、更积极地参与思政教育活动。

第一，学生应当具备独立思考和自主学习的能力。传统的教育模式强调教师的权威性，学生只是被动接受知识。然而，在新媒体时代，信息爆炸和知识更新速度加快，学生需要具备主动获取、分析和评估信息的能力。他们应当具备自主学习的习惯，能够通过各种渠道获取知识，并能够运用自己的思维进行深度思考和独立判断。

第二，学生应当具备批判性思维和辨别能力。新媒体时代，虚假信息和谣言充斥网络，学生需要具备辨别信息真伪的能力，不被误导和欺骗。他们应当能够通过批判性思维，对信息进行客观分析和评估，形成独立的判断和观点。只有如此，才能在新媒体时代做到不为虚假信息所误、不受谣言所惑，保持清醒的头脑和明晰的思路。

第三，学生还应当具备自我表达和沟通能力。在新媒体时代，每个人都有发表观点和表达意见的平台，学生应当善于利用这些平台，表达自己的思想和观点。他们应当能够清晰地表达自己的想法，与他人进行有效地沟通和交流，形成健康的讨论氛围，促进思想的交流和碰撞。

第四，学生还应当具备责任意识和社会参与意识。在新媒体时代，每个人都是信息的传播者和分享者，学生应当意识到自己的行为和言论对他人的影响，对社会的发展产生着重要的影响。他们应当对自己的言行负责，不传播虚假信息和负面情绪，积极参与社会公益活动，为社会的发展和进步贡献自己的力量。

2. 提升新媒体媒介素养

新媒体技术的迅速发展和普及使得信息传播的速度和范围大大增加，因此，学生需要具备一定的媒介素养，才能更好地适应和利用新媒体平台。

第一，学生应该熟悉和掌握各种新媒体平台的使用方法。随着互联网的普及，各种新媒体平台如社交网络、微博、微信等已经成为人们获取信息、交流思想的重要途径。学生应该学会正确使用这些平台，了解其特点和功能，熟悉其操作方法，以便更好地参与到信息传播和社会交流中去。

第二，学生应该具备对信息进行辨别和评价的能力。在新媒体时代，信息的真实性和准确性变得更加重要。学生需要具备辨别信息真伪、筛选有价值信息的能力，以免受到虚假信息的误导和影响。他们应该学会通过对信息来源、作者身份、内容真实性等方面进行分析和评价，从而判断信息的可信度和价值，有选择地获取和利用信息。

第三，学生还应该通过参与新媒体内容的讨论和评论，锻炼自己的批判性思维和辩证能力。新媒体平台为学生提供了一个广阔的交流空间，他们可以与他人分享自己的观点和看法，与他人进行讨论和交流。在这个过程中，学生可以学会倾听和尊重他人的意见，同时也可以学会批判性地思考和分析问题，从而更好地理解和接受思政教育的内容。

3. 建设学生新媒体宣传队伍

为了更好地引导学生参与新媒体平台的内容创作和传播，可以建设一支政治素养可靠、精干团结的新媒体宣传队伍。这个队伍的建设应该具备以下五个方面的特点和措施。

第一，建设队伍的过程应该注重政治素质和思想道德的培养。成员选拔应该以政治信念坚定、思想开放、道德品质良好为基本标准。同时，要通过政治教育和思想引领，培养队员热爱祖国、热爱人民、热爱社会主义的思想觉悟，使他们成为积极传播正能量、引导舆论导向的先锋力量。第二，队伍的组织架构和运行机制应该科学合理。可以设立队长、副队长、部门负责人等职务，明确各自的责任和权限。并建立起完善的工作流程和决策机制，确保队伍运行的高效性和协调性。第三，要注重队伍成员的专业能力和技术水平。现代新媒体的传播方式和技术手段日新月异，队员们应该具备一定的网络技术、摄影摄像、文字编辑等方面的专业知识和技能。可以通过定期培训和学习交流，提升队员们的专业素养和工作能力。第四，要鼓励队员们发挥创造力和创新精神，在新媒体平台上积极开展各种形式的宣传活动和内容创作。可以组织线上线下的主题活动、摄影比赛、微视频制作等，吸引更多的学生参与到思政宣传中来，形成良好的传播效应。第五，要注重队伍建设和运营的长期性和持续性。建设一支学生新媒体宣传队伍不是一蹴而就的事情，需要长期地坚持和努力。要不断总结经验，改进工作方法，保持队伍的活力和凝聚力，使之成为推动学校思政工作发展的重要力量。

（二）拓展思想政治教育途径

1. 构建全员参与的新媒体网络

高校应该构建一个全员参与的新媒体网络，让每个学生都能够参与其中，共同维护良好的网络环境。这个网络不仅是信息传递的平台，更是学生们展示自己观点和声音的舞台。通过在网络上发布文章、发表评论、参与讨论等方式，学生可以充分表达自己的想法和观点，实现信息的共享和交流。

2. 拓宽学生参与途径

除了网络平台，学校还应该拓宽学生参与思政教育的途径。例如，组织各种形式的活动，如讲座、读书会、论坛等，让学生有更多的机会表达自己的观点和看法。通过参与这些活动，学生可以加深对思政教育内容的理解，增强自身的主体意识和思想素养。

3. 表彰优秀学生骨干

为了激励更多的学生参与到思政教育中来，学校可以设立表彰制度，表彰优秀的学生骨干。这些学生不仅在学习上优异，更在思政教育工作中展现出了积极的态度和表现。通过表彰这些学生，可以树立学习榜样，鼓励更多的学生投身到思政教育的事业中来，共同推动思政教育工作的开展。

（三）促进学生成长成才

1. 培养学生的综合素养

在新媒体时代，学校应该注重培养学生的综合素养，提高他们的思想政治素养和创新能力。传统的教育模式已经不能满足当今社会的需求，学生需要具备更广泛的知识和技能，以适应快速变化的社会环境。因此，学校应该通过多种形式的思政教育活动，如讲座、读书会、社会实践等，来全面发展学生，打下他们成长成才的坚实基础。

首先，学校可以组织丰富多彩的思政教育活动，包括邀请专家学者开展讲座、组织读书会讨论经典著作、开展社会实践活动等。这些活动旨在拓宽学生的视野，增强他们的知识储备和见识，培养他们的综合素养。其次，学校可以通过课程设置和教学方法的改革，注重培养学生的创新能力和实践能力。例如，开设创新创业课程、实践性课程，采用项目式教学等方式，让学生在实践中学习、在实践中成长。最后，学校还可以鼓励学生参加各种学术竞赛和实践活动，如科技竞赛、社会实践项目等，提供平台和资源支持，让学生在实践中不断积累经验、提升能力，培养他们的综合素养和竞争力。

通过以上措施，学校可以全面发展学生，提高他们的思想政治素养和创新能力，为他们的成长成才打下坚实的基础。

2. 引导学生树立正确的价值观

思政教育的目的是培养学生正确的价值观和人生观，使他们成为有理想、有道德、有文化、有纪律的社会主义建设者和接班人。在新媒体时代，学校应该加强对学生的思想引领，引导他们树立正确的价值观，弘扬社会主义核心价值观，培养他们积极向上的人生态度和价值取向。

首先，学校可以通过课程设置和教学内容的设计，注重思政教育的渗透和贯穿。在各门课程中，都要体现社会主义核心价值观的要求和要求，引导学生树立正确的世界观、人生观、价值观。其次，学校可以组织各种形式的思政教育活动，如主题讲座、文化沙龙、思想交流会等，邀请专家学者和社会名人，围绕社会热点和时事问题展开讨论，引导学生思考、辨析，树立正确的思想观念和价值取向。最后，学校还可以通过班级教育和学生自治组织建设，加强对学生的思想引导和管理，促进学生形成良好的学风和班风，营造积极向上的校园文化氛围。

通过以上措施，学校可以加强对学生的思想引领，引导他们树立正确的价值观，培养他们积极向上的人生态度和价值取向，为他们的成长成才提供良好的思想道德支撑。

3.帮助学生解决实际问题

在思政教育中，学校应该帮助学生解决实际问题，关心他们的成长和发展。通过开展心理辅导、生涯规划等活动，学校可以帮助学生解决生活和学习中的困惑和问题，引导他们正确面对挑战，增强自信心和抗挫能力。同时，学校还应该提供良好的学习和生活环境，为学生提供良好的成长条件和发展平台，促进他们全面发展、健康成长。

首先，学校可以建立健全的学生服务体系，设立专业的心理咨询中心和生涯规划指导中心，为学生提供及时有效地帮助和支持。通过个性化的咨询和指导，帮助学生解决情感困扰、人生迷茫等问题，引导他们正确认识自己、规划未来。其次，学校可以加强对学生的关怀和管理，建立起师生之间的良好互动和沟通机制。通过班主任、辅导员、导师等多方面的关怀和帮助，及时发现和解决学生存在的问题和困惑，关心他们的身心健康和成长成才。再次，举办各种形式的成长活动和学习辅导，如学习讲座、生活技能培训、就业指导等，为学生提供全方位的支持和帮助。通过这些活动，学校可以帮助学生解决实际问题，增强他们的自我认知和自我管理能力，促进他们的全面发展和健康成长。同时，学校还应该提供良好的学习和生活环境，为学生提供良好的成长条件和发展平台。学校可以加强校园文化建设，营造和谐稳定的学习氛围和生活环境，为学生提供积极向上的学习和生活氛围。最后，学校还可以建立健全的学风建设机制，加强学生自律和管理，引导他们自觉遵守校纪校规，树立正确的学习态度和价值观念。

第二节　新媒体平台的运用与开发

一、新媒体平台对高校思想政治教育的积极影响

（一）有助于适应高校思想政治教育的新形势

科学技术蓬勃发展，互联网的开放性场域带来多元思潮挑战和文化冲击，网络繁荣的背后亦有双刃利弊，高校既要紧跟时代发展的新形势守正，也须把握新媒体平台的技术优势创新。以网络技术为支撑的新媒体平台突破了传统媒

体平台固有载体、场域和人群等特点，具有更快的传播速度、更强的交互性能、更丰富的表达形式、更多元的价值融合。当前新媒体技术已广泛应用于教育教学和管理全过程，在教育改革不断深化和推进的过程中，应用新媒体平台优势能为高校思政教育载体建设创建全新的模式，更能为深入推进实效性突出、感染性更强的思想价值引领工作，主动占领网络阵地加强新媒体时代的舆论引导，实现思想政治教育全方位融入学生成长成才的全过程，更好地满足新形势下思想政治教育的新要求。

（二）有助于加强高校思想政治教育的话语权

传统的思想政治教育主要依托于高校和教师队伍，他们能够较好地掌握教育内容和话语权，但受制于传统的教学模式，思想政治教育的传播形式单一、教育时间空间受限。然而，随着新媒体时代的到来，高校思想政治教育面临着前所未有的挑战和机遇。

首先，新媒体平台的广泛应用为高校思想政治教育提供了新的机遇。通过合理运用新媒体平台，如社交媒体、网络论坛等，高校可以更加灵活地开展思想政治教育活动，打破传统的教学时间和空间限制，实现教育资源的优化配置和共享。例如，利用微博、微信等社交媒体平台，高校可以发布思政教育内容和活动信息，吸引学生的关注和参与，拓展思政教育的影响范围。其次，后台数据的精准分析有助于高校更好地把握学生思想动态。通过对学生在新媒体平台上的行为和反馈数据进行分析，高校可以了解学生的兴趣爱好、思想倾向和关注焦点，及时捕捉到学生的需求点和关切点，为针对性的思想政治教育提供有力支持。例如，通过分析学生在社交媒体上的关注话题和互动行为，高校可以了解到学生对于社会热点和时事问题的看法，从而针对性地开展相关的思政教育活动。最后，新媒体平台的碎片化传播规律为高校思想政治教育提供了创新的可能性。通过利用碎片化的传播方式，高校可以将思政教育内容融入学生的日常生活中，以生活化、兴趣化、大众化和接地气的方式呈现，增强学生的参与感和体验感。例如，可以通过短视频、动画、图文等形式，生动形象地展现思政教育内容，吸引学生的注意力，提高思政教育的吸引力和影响力。

二、主流新媒体平台在思政教育中的应用探讨

（一）微信公众号的思政教育应用

微信公众号作为目前使用最为广泛的社交媒体平台之一，具有信息传播快捷、用户活跃度高等特点，因此在高校思政教育中发挥着重要作用。

1.微信公众号与思想政治教育相关含义解析

（1）微信公众号相关含义解析

随着网络信息技术的迅速发展，智能手机的普及程度逐渐提升，几乎每个家庭都至少拥有一部智能手机。据相关数据显示，中国智能手机用户数量逐年增长，涵盖了各个年龄段的人群。智能手机已经成为现代人们日常生活中不可或缺的通信工具，而微信则成为智能手机上使用最广泛的通信应用之一。

微信公众号作为微信平台的重要组成部分，是一种新型的社交通讯和信息传播工具。通过微信公众号，用户可以向特定的群体发布图片、文字、语音或视频等多种形式的内容，并与其进行互动交流。微信公众号具有信息传播的准确性和及时性，同时还具备多种功能，操作简洁方便，因此在各个领域被广泛应用。

微信公众号的出现极大地丰富了信息传播的渠道，不仅为个人、企业、机构等提供了一个展示自身的平台，也为用户提供了获取各种信息、分享观点和交流思想的便捷途径。其便利性和实用性使其成为当代信息传播领域的重要组成部分，对于促进社会交流、推动信息共享起到了积极的作用。

（2）思想政治教育相关含义解析

思想政治教育也可以称之为思想政治教育，它主要指的是教育者采取有效的措施与手段对受教育者进行有目的、有计划、有组织地施加积极的影响，在思想上对受教育者进行积极引领，从而帮助受教育者形成正确的思想观、人生观、价值观，进而促使受教育者做出符合当前社会发展的正确行为活动。大学生作为新时代的新生力量，他们是祖国的未来与希望，而高校作为人才培养的主要场所，肩负着立德树人的重要使命。高校开展思想政治教育工作是落实素质教育、践行品德教育的基本表现，其不仅有利于提高大学生的个人素养、帮助他们树立正确的思想价值观念，也有利于引导学生们勇于承担社会责任和义务，让他们"不忘初心、牢记使命"，做一个对社会、对国家有用的栋梁之材。

2. *微信公众号对大学生思想政治教育的重要性*

对于思政教育工作者来说，微信公众号的产生给大学生思想政治教育工作开拓了新的渠道，它打破了传统思想政治教育中存在的问题，营造了一种全新的育人环境，对提高思政教育工作的实效性具有重要的价值意义。

（1）借助微信公众号有利于创新思想政治教育新形式

传统的思政教育大多都局限于课堂教学，授课教师在课堂教学中会采取以教师说教为主，学生听课为辅的单一教育形式，这种教育形式已经无法满足多元化新时代背景教育发展的需要。并且，传统的思想政治教育工作会受到了时间与地点的限制，很难对学生进行即时教育，如果借助于微信公众号来开展思想政治教育工作便可以打破思想政治教育工作中受到的时空限制，可以不分时间与地点随时随地对学生开展思想政治教育。可以说，微信公众号拓宽了思想政治教育的渠道，给思想政治教育工作的开展注入了新的活力，带来了新的思路，有利于思想政治教育工作的改革与创新。

（2）使思想政治教育更具有针对性，从而保障思想政治教育的实效性

在思想政治教育工作开展过程中如果能根据大学生自身不同的实际特点，精准定位展开个性化的教学，可以使思想政治教育有的放矢，更具针对性。微信公众号在后台有一个统计功能，即对用户及消息进行分析统计，思想政治教育工作可以借助于这一功能对学生进行精准定位，从而有的放矢地进行相关信息的推送与发布。这样不仅可以迎合学生的兴趣爱好，还可以满足学生的学习需要。此外，教育工作者还可以利用微信公众号交互性特性对学生进行及时的沟通与交流，了解学生现状，帮助学生解决难题，这对于提高思想政治教育的实效性具有事半功倍的作用。

（3）微信公众号在大学生思政教育中的运用有利于丰富教学内容

微信公众号承载了较为广泛的资源，这为思想政治教育工作的开展提供了有利的条件，使得思想政治教育内容不只是局限于书本的固定内容，可以利用微信公众号设置专门的版块，比如说，设置时事政治版块可以让学生及时了解国家的发展动态；还可以根据所讲的内容搜集相关的资料进行推送等。总之，利用微信公众号可以丰富思想政治教育内容，拓展学生的知识面，强化学生对所学内容的理解。

3. 微信公众号在大学生思想政治教育中的运用现状

（1）学生对思想政治教育微信公众号使用现状

在当前大学生思想政治教育微信公众号的使用中，存在一些明显的现状和问题。

①使用次数较低。研究表明，学生对思想政治教育微信公众号的使用频率普遍较低。大部分学生仅在学校要求或特定任务下被动关注，而非主动选择性关注。一旦任务结束，公众号的关注度即降低，学生不再主动关注或浏览。与此同时，学生更倾向于关注与自身兴趣爱好或就业相关的公众号，而思想政治教育公众号缺乏贴近学生需求和生活的内容。

②形式单一，缺乏活力。思想政治教育微信公众号的推送内容形式单一，主要以文字和图片为主，音频视频节目较少。这种单一的形式使得推送内容缺乏吸引力，难以引起学生的兴趣。此外，公众号未对用户进行分类，推送内容面向所有用户，缺乏因材施教的效果，导致信息传递效果不佳。公众号的互动性较弱，缺乏多样化的功能设置和互动方式，信息传递更多是单向的，未能有效促进与学生之间的交流和互动。

（2）思政教育微信公众号存在的问题

①内容贴近度不足。思政教育微信公众号的内容未能贴近学生的生活和需求，缺乏与学生兴趣相关的内容，导致学生对公众号的关注度较低。

②形式单一，缺乏活力。公众号的推送内容形式单一，缺乏多样性和创新性，主要以文字和图片为主，缺乏音频视频等形式的内容，无法吸引学生的注意力。

③互动性不足。公众号的互动性较弱，缺乏多样化的功能设置和互动方式，信息传递更多是单向的，未能有效促进与学生之间的交流和互动。

④效果评估不足。对于思政教育微信公众号的使用效果评估不足，缺乏有效的反馈机制和评估体系，难以准确评估公众号对学生思想政治教育的实际影响。

4. 微信公众号在大学生思想政治教育中的运用

高校如果能够充分利用微信公众号的特点并将其与传统思政教学的优势进行有效结合，定能促进思想政治教育工作质量的提升。

（1）构建专业的运营团队

专业的事还需要专业的人来做。想要打造一个优质的品牌，必须创建一个专业的团队。若想思想政治教育微信公众号具有活力和可持续性，就要让专业的教师负责，选拔那些具有新颖的设计，爱好绘画编辑，对网络环境熟悉的而且对新闻有敏锐度的优秀学生组成团队，并定期对团队成员进行培训指导，提升技能技巧。同时鼓励所有大学生积极参与其中，投递弘扬正能量，时事分析原创性和优质性稿件，同时将具有积极向上的内容转发朋友圈，分享微信群，利用学生个体微信进行以点辐射，点点辐射，由小到大，由点及面。

（2）注重内容贴近大学生需求，加强互动形式要新颖

要提升思政教育微信公众号的品质，增强亲和力及目的性，满足大学生成长发展的需求及期待。利用一些时间的节点增加凝聚力，如利用国庆节让爱国主义教育深入人心，"为什么要热爱祖国？""为什么说没有共产党就没有新中国？"等，也可以用自己的故事让大学生端正入党的动机。利用教师节的时间节点，让大学生感受一下"太阳底下光辉的事业""为什么说一日为师终身为父"利用图片、文字、音视频演讲等形式让大学生再接受一次感恩教育。结合当前的时政，如非典疫情、新冠疫情、抗洪抢险等所见所闻将国家大事化成身边小事甚至是自家事情，让学生参与其中，同时感受到为生活在这样一个国度而感到自豪。大学生发自内心地会感受到没有共产党就没有新中国。达到了思想政治教育的目的同时大学生也会把这些正能量的内容转发分享，以点辐射增加了点击率和覆盖面。思想政治教育微信公众号给思想政治教育工作者与学生交流提供了可能，拉近了师生之间的距离，这样的方式也更容易被学生所接纳。打破了时间和空间的限制，满足了大学生社会交往、思想交流、主动参与的需求，激发了大学生的积极主动性，也形成了良好的思想政治教育的氛围。思想政治教育是一个贯穿于整个大学生的校园生活的重要内容。良好的思想政治教育氛围大大丰富了大学生校园思想政治教育的方式，让学生间的交流更加密切，同时也强化了学校对大学生的管理。思想政治微信公众号要放眼时代与立足校园并重，传递正能量信息的媒体，既有思想性又有娱乐性增强还要增强与大学生的互动性。

（3）精准推送时间，提高传播覆盖面

微信公众号的信息推送虽然具备准时投放的特点，但并非所有推送都能转

化为阅读次数。一些大学生由于订阅了大量公众号或其他因素，很难将所有推送内容都阅读完毕。因此，为了提高推送内容的阅读量，必须精准定位推送时间。在确定推送时间时，以下两个时间段值得重点考虑。

①用餐及睡前时间段。大学生在白天和晚上大多时间都在学习和工作中，只有在用餐及睡前的时间段才可能有较多的手机使用和阅读公众号的机会。因此，将推送时间定位在这些时间段可以提高推送内容的曝光率和阅读量。

②寒暑假时间段。寒暑假期是大学生时间最充裕的时期，学生相对于学期中更容易有更多的闲暇时间来阅读微信公众号的推送内容。因此，在寒暑假期这个时间段进行推送不仅可以保持阅读量，还可以加强对大学生的思想政治教育，同时也可以得到家庭和社会的支持和认可。

通过精准定位推送时间，可以更好地抓住大学生的空闲时间，提高推送内容的曝光率和阅读量，从而更有效地传播思想政治教育内容，达到思政教育的目的。

（4）整合网络资源，加强微信公众号的管理

微信公众号是一个任何人都可以申请注册的公众号，通过公众号向关注者推送内容，这些内容是不用经过审核的。对于那些明辨是非不强的大学生很容易受到一些不良信息的蛊惑。这就需要专业的团队进行检测和筛选。这样把校园内的所有公众号内容进行整合尽量不要出现信息的重复，扬长避短发挥自身的优点。

（5）用户分层，明确目的推送内容

为了提升思想政治教育的效果，可以将用户进行分层，根据不同层次的用户推送不同内容，以满足其需求和提升参与度。通过微信公众号后台的数据分析，可以对用户进行专业化地分析，从而了解他们的需求和兴趣，有针对性地进行内容推送。

①思想积极分子。针对思想积极分子，可以推送马克思主义、列宁主义、毛泽东思想等经典理论内容，以及相关的哲学、政治学、社会学等深度思想政治教育内容，保证思想政治教育的全面性和深度性。

②主流用户群体。针对主流用户群体，可以推送涵盖时事热点、社会新闻、国家政策等内容，引导他们关注国家大事，增强对国家发展的认知和了解。

③学习型用户。对于学习型用户，可以推送学习方法、学习技巧、考试资

讯等内容，帮助他们提高学习效率，培养自主学习能力。

④生活兴趣用户。对于生活兴趣型用户，可以推送生活小贴士、健康养生、文化娱乐等内容，增加他们的阅读兴趣和参与度。

通过精准的用户分层和目的推送内容，可以更好地满足用户的需求，提升思想政治教育内容的吸引力和影响力。同时，鼓励学生利用微信强大的分享功能，将有价值的信息分享给亲朋好友，进一步扩大思想政治教育的影响范围。此外，思想政治教育还需要家庭和社会的支持与配合，以及大学生自身的觉醒和参与。

（二）新媒体下意见领袖在高校网络思政教育中的应用

随着新媒体的迅速发展，意见领袖在社交网络平台上的影响力日益增强，成为引导舆论和影响舆情的重要力量。

1.意见领袖的定义及其在社交网络中的影响力

（1）意见领袖的定义

意见领袖是指在特定领域内具有专业知识、影响力和社会声誉的人物。他们通过对某一领域的深入研究和实践经验积累，获得了一定的专业权威性和见解，能够为社会大众提供有价值的信息和建议。

意见领袖通常在特定的领域内拥有较大的粉丝群体或关注者，他们的言论和观点能够引起广泛的关注和共鸣。他们的声音常常被认为具有一定的权威性和可信度，因此在舆论引导和话题设置方面具有一定的影响力。

意见领袖不仅仅是信息的传递者，更是舆论引导者。他们通过在社交网络平台上发布内容、参与讨论、引导话题等方式，影响和引导着社交网络上的舆论走向和情感共鸣。

（2）意见领袖在社交网络中的影响力

①高关注度和粉丝数量。意见领袖在社交网络平台上拥有大量的粉丝或关注者，他们的言论和观点能够迅速传播并引发大量的转发、评论和讨论。这种高关注度和粉丝数量使得他们的影响力在社交网络中得到了有效地扩大。

②权威性和可信度。意见领袖通常具有一定的专业知识和见解，在特定领域内拥有一定的权威性和可信度。因此，他们的观点和言论往往被认为具有一定的参考价值和可信度，受众更倾向于接受和认同。

③人际关系网络。意见领袖在社交网络中建立了广泛的人际关系网络，与其他知名人物、意见领袖以及大众保持着联系。这种人际关系网络为他们的影响力提供了强大的支持，使得他们能够在更广泛的范围内影响舆论的走向。

（3）意见领袖的话题设置和舆论引导能力

①话题设置。意见领袖的发言往往能够引发社会关注，成为热点话题。他们对于一些重大事件或话题的评论和观点往往能够引发广泛的讨论和争议，从而影响着舆论的走向和发展。

②舆论引导。意见领袖具有一定的舆论引导能力，他们的言论和观点往往能够影响大众对于特定问题的看法和态度。通过在社交网络上发布内容、参与讨论等方式，意见领袖能够引导舆论的走向，影响社会上的公共舆论和情感共鸣。

③整体影响力。意见领袖在社交网络中的影响力不仅体现在单一的言论或观点上，更体现在他们对于整个舆论氛围和社会心态的影响。他们的发言和行为往往能够引发一系列的反应和影响，从而对社会稳定和秩序产生一定的影响和影响。

2. 新媒体下意见领袖的特点

（1）社交媒体上的影响力

与受众认可度新媒体时代下，意见领袖在社交媒体平台上展现出独特的影响力与受众认可度。首先，意见领袖借助社交媒体广泛的传播渠道，能够将其独特的观点、知识和经验快速传播给大量的受众群体。社交媒体平台如微博、微信、抖音等，具有信息传播速度快、传播范围广的特点，使得意见领袖发布的内容可以在短时间内迅速被传播，引发关注和讨论。其次，意见领袖的受众认可度建立在其专业性、公信力和影响力之上。通过长期积累的专业知识、独特见解和高质量的内容创作，他们在特定领域获得了一定的权威地位。这使得他们在社交媒体上的发言更具有说服力，能够吸引更多关注者，形成固定的粉丝群体。受众倾向于追随意见领袖的原因之一是，他们相信意见领袖能够为他们提供有价值、可信赖的信息和观点，从而影响其态度和行为。最后，社交媒体的互动性使得意见领袖能够与受众进行实时互动，拉近双方的距离。意见领袖不仅在发表内容时能够引发热烈的讨论和评论，还能在回应粉丝的问题和建议时展现亲和力和真诚态度，进一步增强其受众认可度。他们的互动行为能够建立更为紧密的粉丝关系，使得受众更愿意参与到相关话题的讨论中来。综上所述，意见领袖在新媒体平台上的影响力和受众认可度，源于其专业性、公信力以及与受众的互动，这些特点使他们在高校网络思政教育中具有独特的潜力和价值。

（2）真实性、个性化和互动性的特征

在新媒体时代，意见领袖在社交网络上展现出一系列鲜明的特征，包括真实性、个性化和互动性，这些特征使他们在高校网络思政教育中具有重要的应用价值。

①真实性。在社交媒体上，意见领袖通常以真实、真诚的态度呈现自己的观点和经验。他们能够坦率地分享自己的想法和感受，使受众感受到亲近感和信任感。这种真实性能够有效地打破传统思政教育中的严肃性和庄重性，使学生更愿意参与到讨论中，从而更好地接受思政教育内容。

②个性化。每位意见领袖都有其独特的性格、观点和表达方式，这种个性化特征能够吸引特定类型的受众。学生在面对个性鲜明的意见领袖时，往往能够产生共鸣，感受到更强烈的情感联系，从而更有动力参与讨论和交流。

③互动性。社交媒体平台的互动机制使得意见领袖能够与受众进行双向的、实时的互动。他们不仅仅是内容的发布者，更是与受众之间进行互动和交流的参与者。这种互动性能够拉近意见领袖与受众之间的距离，创造更加活跃的讨论氛围，使思政教育更具参与感和吸引力。

综上所述，意见领袖在新媒体下的真实性、个性化和互动性等特征，使得他们在高校网络思政教育中能够更好地引导学生思考、参与讨论，为传达思政教育内容带来了全新的可能性和机遇。

3.意见领袖在高校网络思政教育中的应用

（1）信息传播与意识形态引导

意见领袖在高校网络思政教育中具有重要的信息传播和意识形态引导作用。他们通过自身的知名度和影响力，能够将思政教育的核心理念、政策宣传、社会热点等信息传递给广大学生，引发他们对社会、国家和价值观的关注和思考。具体而言，意见领袖可以通过发布有关社会责任、公民意识、文化传承等方面的内容，引导学生从不同角度思考社会问题，并培养他们的社会责任感和价值观。例如，一位社会公益领域的意见领袖可以分享自己参与志愿活动的经历和感受，传递公益精神和奉献精神，鼓励学生积极参与公益活动，为社会做出贡献。又或者，一位关注科技创新和社会发展的意见领袖可以分享前沿科技成果和科技伦理等方面的见解，激发学生的科学探索热情，引导他们关注国家的创新发展。这些个案通过意见领袖的言论，成功地引导了学生思考和行动，实现了思政教育目标的传达。此外，意见领袖还能够通过个人经历和感悟，引发学生对于国家发展、文化传承等方面的情感共鸣。他们的亲身经历和真实感受能够打破传统思政教育的理论抽象性，使学生更容易产生情感共鸣，进而更深刻地理解和体验思政教育的内涵。通过意见领袖的分享，学生在网络空间中获得的不仅是知识的传递，更是情感和体验的共鸣，从而更好地融入思政教育的氛围中。

（2）学生参与度的提升与主动性的培养

意见领袖在高校网络思政教育中扮演了促进学生参与度提升和主动性培养的重要角色。通过意见领袖的倡导和引导，学生更积极地参与思政教育话题的讨论，更主动地关注社会、国家和自身的发展。具体来说，意见领袖可以借助其个人魅力和影响力，为思政教育引入新鲜的视角和观点，激发学生的思考和参与热情。例如，一位具有丰富社会实践经验的意见领袖可以分享自己在社会工作、志愿活动中的成果和收获，鼓励学生参与社会实践，拓宽视野，培养实际操作能力。通过这种引导，学生能够更积极地投身到社会实践中，提升自身综合素质和社会责任感。此外，一位关注公共政策和社会议题的意见领袖可以通过发布热门议题的分析和解读，引发学生的关注和参与讨论。这种参与不仅能够增强学生对于时事的了解，更能够培养他们主动获取信息、深入思考的能力。意见领袖还可以通过与学生的互动，建立更加紧密的联系和情感共鸣。通过回应学生的问题、评论和建议，意见领袖能够使学生感受到自己的声音被重视，进而激发他们更多地参与讨论，表达自己的想法和看法。例如，一位关注教育改革的意见领袖可以通过微博直播和学生进行互动交流，回答学生的疑问，引导学生关注教育问题。这种互动能够培养学生与意见领袖的亲近感和互动习惯，使得学生更愿意在网络平台上表达自己的观点和问题。

（3）培育学生的综合素质和社会责任感

意见领袖在高校网络思政教育中具有培育学生综合素质和社会责任感的重要作用。通过意见领袖的引导和影响，学生可以更全面地发展自身素质，增强对社会的认知和责任感。首先，意见领袖可以以身作则，分享自己在不同领域的经验和成果，激发学生的求知欲和进取心。例如，一位成功创业的意见领袖可以分享自己的创业历程，启发学生勇于创新、拥抱挑战，培养创业精神和创新思维。他们的成功故事能够让学生看到努力和奋斗的价值，鼓励他们更积极地追求个人发展。其次，意见领袖可以通过传递社会责任和公益精神，培养学生的社会责任感。例如，一位关注环保的意见领袖可以通过分享环保行动和倡议，引导学生关注环境问题，鼓励他们从小事做起，积极参与环保行动。这种引导能够增强学生的社会意识和公民素质，培养他们为社会和环境做出贡献的意愿和能力。最后，意见领袖还可以通过与学生的互动，促进他们的思想成熟和价值观塑造。通过讨论时事热点、伦理道德等议题，意见领袖能够引导学生从多个角度思考问题，拓展他们的思维深度和广度。例如，一位关注社会公平的意见领袖可以与学生进行线上座谈，讨论贫富差距等问题，激发学生对社会问题的思考，培养他们的社会关怀和公正意识。

三、高校思政教育的新媒体平台优化路径

（一）坚持创新导向，提高新媒体平台读者的关注度

全媒体时代大量信息以碎片化且分散的方式呈现出来，引导学生在多元文化冲击下做对选择题，就要求在新媒体平台上呈现的思政教育内容具有快速抓住学生眼球的特质，以理念创新为引领，以内容创新为抓手，以技术创新为手段，吸引青年学生主动靠近、自动连接。理念创新要以守正思想为根基，符合学生多元且前沿的内在发展需求，由粗线条、灌输式的显性教育迈向精细化、引导式的显性融合教育。通过新媒体平台拓宽宣传和育人渠道，构筑线上线下同心圆，形成全媒体样态的思想政治教育新理念；内容创新要遵循"内容为王"的规律，调整传统、单调的话语模式，精心选择青年学生普遍关心、关注的主题，挖掘身边正能量的人和事，通过鲜活小故事反映深刻大道理，融合学校发展过程中的亮点和特色，用学生喜爱的新媒体形式和话语体系呈现作品；技术创新要告别生硬的说教模式、通知模式，综合运用图片、漫画、短视频、图表等多种形式，使用学生熟悉的网络语言，加强版面设计和视频拍摄、剪辑、制作等创作，采用直播、脱口秀、快闪、线上传递、互动小程序等新颖的表现形式，用最新的技术手段赋能高校思想政治教育。例如，2022 年河南商丘工学院

两位理工科老教授在校园里唱歌的视频爆红网络，网友们陶醉在他们富有岁月味道的歌声里，感动于他们"疫中不抑"乐观向上的态度，让学生们认识到人文、历史、诗歌、文艺素养的协调发展可以丰盈人生，从而也助推了校园宣传和文化建设的步伐。

（二）赋能智慧思政，提升新媒体平台服务的满意度

新媒体思政平台的建设核心是服务学生、影响学生、教育学生，师生的满意度是判断新媒体平台教育有效性的重要指标。因此，高校应当利用大数据技术，通过信息采集和分析，不断调整和优化新媒体宣传阵地，努力创新新媒体的内容供给与输送路径，提高新媒体思政对学生的服务度，真正让思政工作"动"起来、"活"起来，实现育人效应最大化。

1. 大数据技术的应用

（1）信息采集与分析

高校应利用大数据技术收集和统计新媒体平台的关键信息，包括微信公众号、新浪微博、抖音等平台的评论、留言、阅读量、点赞数等数据。通过大数据分析，高校可以及时了解学生的诉求和需求，洞察学生的兴趣和关注点，为后续的内容推送和优质内容供给提供指导和支持。

（2）精准推送

基于大数据分析的结果，高校可以实现对学生的精准推送，将符合学生兴趣和需求的思政内容进行个性化推送。通过精准推送，可以提高学生对思政教育内容的接受度和满意度，实现思政工作的更好效果。

2. 需求导向的平台定位

（1）心理特点和价值追求的考量

高校在建设新媒体思政平台时应以学生的心理特点和价值追求为导向，进行定位。必须深入了解学生的心理需求和价值观，将思政元素巧妙地融入社会热点中，以符合学生审美趣味和认知水平的方式进行教育。

（2）创新内容供给

高校需要持续创新内容供给方式，采用通俗易懂、富有文化内涵的表达方式，引导学生进行深入思考和自我教育。例如，可以结合校园文化和时事热点，推出富有创意的思政微视频、微漫画等形式，增加学生的参与度和认同感。

3.拓展合作与服务视角

（1）与政府、企业、校外平台合作

高校应积极开展与政府、企业以及其他校外平台的深度合作，引入先进的技术手段和优质的教育资源，共同打造高质量的思政教育内容和服务平台。通过合作，可以实现资源共享、优势互补，提升新媒体平台的价值和知名度。

（2）打破制约创新发展的壁垒

高校需要主动打破制约创新发展的各种壁垒，积极推动新媒体平台的创新与发展。可以通过组织专业团队、加强技术培训、鼓励教职员工参与平台建设等方式，提升平台的服务水平和满意度。

（三）强化监督引导，确保新媒体平台内容的纯净度

由于互联网的全球性、开放性和匿名性特征，新媒体平台依旧具有双面性，部分新媒体作品出现与主流价值观对冲的现象，很可能误导青年学生偏离正确轨道，因此高校应当健全管理监督体系，净化校园新媒体平台和舆论环境。

首先，高校要加强对师生的思想引领，帮助学生塑造正确和完整的三观，在复杂多变的网络环境中，明辨是非、勇于发声，积极抵制不良的社会思潮，主动传播主旋律和正能量；其次，高校要加强对内部官方新媒体平台的管理，防微杜渐，严防意识形态问题的产生，制定校内新媒体平台操作指南和监督管理条例，推动逐步完善实名登记制度、舆情预警与防范制度以及大学生网络行为规范，在促进思政工作科学化大众化的过程中，不断为广大学子营造良好的网络环境；最后，高校要加强与社会新闻、网络监管等部门的联动，协同发力肃清网络生态，例如网络短视频中的炫富、媚俗和低俗内容对"三观"尚未完全塑造成型的青年学子思想冲击较大，因此，必须加强平台内容的审核，及时清除良莠不齐的不当信息。高校思政教育工作者要拥有敏锐的洞察力，能够及时阻断无营养价值的"蹭热点""吸流量"内容传播，通过正确分析和研判，专业地用新媒体作品回应和解读，保证在多元价值观冲击下依旧拥有话语权和权威性。

第三节 多元化教学手段的设计与实施

一、新媒体环境下思想政治教育的客观手段

（一）精心建设专用于思想政治教育的平台

1.利用而非依赖共同通讯平台

在进行思想政治教育时，共同通讯平台如微信公众号、微博群，以及微信群等成为教育者与学生之间交流的主要渠道。尽管这些平台提供了便利，但它们并不总能满足思想政治教育对安全性的要求。因此，在构建思政教育平台时，应将这些共同通讯平台视作入口或辅助渠道，而不是主要内容的承载者。在平台内部，应设立专门的板块或链接，用于呈现核心的思政教育内容，从而切实保障平台的安全性。

这种做法的背后是对思政教育平台安全性的高度重视。传统的共同通讯平台虽然提供了便捷的互动方式，但它们的安全性并不完全可靠。存在着信息泄露、内容被篡改、不良信息传播等风险，尤其是对于涉及思想政治教育的敏感内容，更需要严格的保护措施。因此，将共同通信平台作为平台的入口或链接，将核心内容置于平台内部，是一种务实的安全策略。

同时，这种做法也有利于提升平台的专业性和权威性。将核心内容放置于平台内部，可以更好地突出平台的专业性和权威性，凸显其作为思政教育平台的独特价值。学生和教育者可以更加信任和依赖这样一个专门为思政教育服务的平台，从而更加积极地参与其中，达到更好的教育效果。此外，这种做法也有利于规范平台内容和维护信息安全。将核心内容置于平台内部，可以更好地对内容进行管理和监控，及时发现和处理不良信息，保障平台的健康发展。同时，也有利于规范教育者和学生的行为，防止平台被滥用或被攻击，确保信息安全和用户权益。

2.对敏感政治问题的评论要严抓细管

对于敏感政治问题的评论，需要进行严格管理和审查。这些政治问题通常涉及国家的基本发展方针和党的大政方针，具有极高的敏感性和重要性。因此，

在网络管理中，必须严格把关，一旦发现相关问题，要及时采取措施进行处理。

首先，针对敏感政治问题的评论，网络管理员应该加强监管和审查。这包括对用户发布的政治言论进行定期检查和审核，确保内容符合相关法律法规和政策规定。对于存在敏感政治内容的评论，应该及时进行识别和标记，并加强监控，防止其进一步传播。其次，网络管理员需要建立完善的管理机制，确保对敏感政治问题的评论进行严格管控。这包括建立专门的网络安全部门，负责监测和处理敏感信息，及时报告相关情况，并采取必要的惩罚措施。同时，还应该建立健全的内部制度和流程，明确责任分工，确保管理工作的高效运行。最后，对于发现的违规行为，网络管理员应该及时采取相应的处罚措施。这包括对发布敏感政治评论的用户进行警告、禁言，甚至封号等处理，以起到震慑作用，防止类似行为的再次发生。同时，还应该加强对用户的教育和引导，增强其政治意识和法律素养，增强自觉性和规范意识。

（二）规范完善好相关的网络化教育法律制度

1. 以本土文化为养分，培养具有中国特色的网络道德规范

中国传统文化与西方文化存在显著的差异，其核心价值观和道德准则往往与西方文化不同。因此，在净化新媒体环境、规范网络行为方面，我们有必要引入本土文化元素，并以之为基础，培育具有中国特色的网络道德规范。

中国传统文化注重和谐共生、道德修养、孝悌忠信等核心价值观，这些价值观与当代网络社会的发展和治理具有重要的指导意义。例如，孝道、礼仪、忠诚、诚信等传统道德观念，可以引导网络用户尊重他人、遵纪守法、诚实守信，形成良好的网络行为习惯。同时，中国传统文化中的诗词歌赋、经典故事等文化符号也可以成为网络道德建设的重要资源，通过在网络平台上传播这些文化元素，激发人们对传统文化的兴趣和认同，引导他们树立正确的网络道德观念。此外，我们还可以借鉴中国传统文化中的智慧和经验，加强网络道德建设的规范性和实效性。例如，通过开展网络道德教育和宣传活动，向广大网络用户普及网络行为规范和道德准则，引导他们自觉遵守网络伦理、文明上网，增强网络自律意识。同时，建立健全的网络监督和管理机制，加强对网络违法行为的打击和处置，维护网络空间的秩序和安全。

2.政府要强化对网络安全的监管工作

针对网络安全问题，政府应该采取有力措施，不仅要借助法律手段严厉打击网络犯罪，还应该加强网络监管，保障学生在网络空间的安全与健康。

中国政府已经建立了专门负责网络安全监管的部门，以应对日益严峻的网络安全挑战。在新媒体教育蓬勃发展的背景下，政府应该加大对网络安全的监管力度，及时发现和处置各类网络安全风险和威胁。此外，政府还应该加强对网络安全技术的研发和应用，提升网络安全的防御水平，确保网络空间的安全稳定。针对学生群体，政府更应该加强网络安全教育和宣传，提升学生的网络安全意识和防范能力。通过开展网络安全知识普及活动、组织网络安全演练和应急预案培训等，政府可以帮助学生更好地了解网络安全的重要性，学会正确使用网络，防范网络风险。同时，政府还应该建立健全网络安全监督机制，加强对学校网络环境的监测和管理，确保学生在网络空间的学习和生活环境安全可靠。

（三）改变学生的学习观念，建设高水平的师资团队

1.端正学生的学习目的

应试教育环境下，部分学生的学习目的单纯到只剩"成绩"，通过远程教育学习的目的也只是为了应付考试，进而拿个证书。这样"单纯"的目的其实恰恰说明这部分学生已经偏离了学习初衷，这种情况下，其思想就极易受到不良信息的干扰，甚至会产生不良的偏狭观念。所以，在远程教育环境下，从源头（学生）入手构建教学体系，是最为重要的。

2.构建更为合理的网络化思想政治教育模式

传统的教育模式和网络化教育模式显然不是一回事，因为教师不能面对面教学，所以类似"导学互动"教学模式、以问题为导向的教学模式（PBL）等都无法有效地发挥教育作用。所以，教师要根据远程教育环境的特点设计全新的教育模式，例如当下非常流行的微课教学模式，就是基于网络技术下的一类网络化教育模式。

（四）从技术入手规避网络安全问题

为规避网络安全问题，设计一套有效的网上信息过滤系统是一项关键举措。这样的系统首先需要具备一定的屏蔽性和抗干扰性，以确保在保障自身安全性

的同时有效地保护思政教育平台中的内容不受到攻击。另外，网络信息过滤系统必须与专业的思想政治教育信息管理系统保持数据的互查、互补关系，以确保过滤出来的信息中不包含恶性的教学信息。

这样的过滤系统需要采用先进的技术手段，如人工智能算法和机器学习技术，对网上信息进行实时监测和分析，及时发现并过滤掉不符合要求的信息。同时，系统还应该具备自适应性和灵活性，能够根据不同的情况和需求对过滤策略进行调整和优化，以应对不断变化的网络安全威胁。

为了确保过滤系统的有效运行，还需要建立完善的管理和监督机制，包括对系统进行定期检查和评估，及时修复和更新系统的漏洞和问题。同时，还需要加强对系统操作人员的培训和管理，确保其能够熟练运用系统，并遵守相关的操作规程和安全制度。

二、新媒体环境下思想政治教育的主观手段

（一）培养大学生政治素养的手段

1. 大学生的政治素养的重要性

首先，培养学生的政治素养是现代政治教育最重要的目标，也是现代政治教育体制改革的重要前提；其次，大学生将来步入社会，无论从事各行各业都离不开政治，培养其政治素养，会为其以后的发展奠定良好的基础；最后，大学生政治素养的优劣也对其个人心理、社会道德素养有着深刻影响，培养其政治素养，实则也是培养其良好的心理素养以及社会道德素养的有效途径。

2. 如何在新媒体环境下培养大学生的政治素养

在新媒体环境下培养大学生的政治素养是一项重要任务，需要采取多种策略和措施。一方面，教师在教学过程中应当注重培养学生对生活的观察和体验能力。通过引导学生关注身边的社会现象和事件，教师可以帮助他们深度理解生活的复杂性和多样性，感受到生活中的美好和奇妙，从而提升其政治素养。另一方面，可以通过开展"网络化学习"活动来强化学生的政治实践能力。在新媒体环境下，利用网络平台共享教育资源、促进教育发展已经成为一种趋势，因此，组织多样化的网络学习活动，结合实际案例和问题，让学生在参与讨论和交流中提升自己的政治素养。通过这些活动，学生可以更好地理解国家政策

和社会发展动态，增强自身的政治意识和责任感。

（二）培养大学生的政治思想的教育手段

1. 政治思想（意识形态）

对大学生成长的重要性通俗地说，就是你对这个世界的看法，比如什么是好的，什么是对的，什么是错的。培养大学生的政治思想（意识形态），就是间接地培养学生的价值观和世界观，继而会深刻影响学生的人生观，让其明白我国社会主义核心价值观的深刻内涵，并以正确的价值观、世界观和人生观努力践行，成为承接社会主义建设的新一代接班人。

2. 如何在新媒体环境下培养大学生的政治思想

第一，坚持"天地有多大，思想就有多高"：这要求广大高校思政教师要通过丰富的网络资源培养学生的政治思想，然后根据学生的眼界、学识、思想水平等情况选择适合的思政教学方式。第二，脚踏实地，切忌好高骛远：思政教学中，大学生虽为主体，但是其政治觉悟明显不高，因此全面、深入地解读我国的政治理念，因此，高校教师必须在思政教学初期指导大学生多看时政新闻、多读马克思的著作；第三，"多媒体和互联网"背景下，每一位大学生都必须顺应时代发展潮流，具备良好的多媒体和互联网思维，这样才能把多媒体和互联网当作思政学习过程中的必要工具，才能从多媒体和互联网中挖掘很多的学习素材。

（三）培养大学生的政治实践能力的教育手段

1. 大学生的政治实践能力的重要性

主要体现在以下三点：其一，所谓"千里之行始于足下"，大学生只有具备较强的政治实践能力，才能走出象牙塔，走入纷繁复杂的社会，并利用所学的政治知识约束自我行为，收获美好人生；其二，大学生具备较强的政治实践能力，才有可能在最短的时间内正确地理解思政教学内容，也更容易发挥自身优势，提升思想政治觉悟；其三，政治实践行为会对大学生为人处世、待人接物的做法产生非常积极的影响，可帮助其塑造更优秀的自己。

2. 如何在新媒体环境下培养大学生的政治实践能力

在新媒体环境下培养大学生的政治实践能力需要采取一系列措施。首先，可以通过"线上学习"来拓展学生的政治知识。借助各种网络平台，如微信、微博、QQ 空间等，思政教师可以开设线上课程或组织线上讨论，引导学生在虚拟空间中学习和探讨政治问题，从而积累丰富的政治知识。其次，要结合"线下实践"来提升学生的政治实践能力。通过组织社会实践活动、参与社区服务、举办政治讲座等形式，让学生将所学的政治理论知识应用到实际生活中，增强他们的实践能力和解决问题的能力。通过"线上学习"和"线下实践"的有机结合，可以使大学生在新媒体环境下更好地提升自己的政治实践能力，为将来的社会生活和工作做好充分准备。

三、打造具有实用性的网络思政育人平台

新媒体背景下，要想更好地发挥网络思政育人平台的功能，首先应该让其对大学生具有实用性，从而使大学生对新媒体平台产生信心和信赖。网络思政育人平台应该开辟符合新时代社会发展要求的功能性板块，如在板块中为贫困学生提供勤工俭学工作信息，为学生提供具有现实意义的帮助。通过打造功能性板块，新媒体平台将逐渐成为学生日常生活中不可或缺的一部分。有必要通过以下措施，以潜移默化的方式，使大学生养成在网络平台进行自主学习的习惯，从而达到扩大教育阵地的效果。

（一）打造精品专栏

网络思政育人工作的关键在于与各部门及时沟通，深入了解学校的教学和科研前沿动态，以及教师和学生的优秀事迹。通过这些信息，可以策划和打造一系列精品专栏，以不同的主题和形式呈现给师生，从而提升他们的政治理论素养。

第一，精品专栏的策划需要与学校各部门密切合作，获取最新的教学、科研和意识形态工作成果。例如，可以与教学管理部门合作，了解优秀教师在课堂教学中的创新实践，与科研院所合作，报道学校在科研领域取得的新成果，以及与宣传部门合作，传达学校在意识形态工作中的新进展。

第二，精品专栏的打造需要有针对性地选择内容，并采取多样化的形式呈现。例如，可以设置"教学之星"专栏，重点介绍优秀教师的教学方法和教学成果；"科研前沿"专栏，深入解读学校在科研领域的重大突破和创新成果；"优秀学子"专栏，讲述优秀学生的成长故事和学术成就。同时，可以通过文字报道、图片展示、视频访谈等形式，生动地展现专栏内容，吸引师生的关注和

参与。

第三，精品专栏的持续更新和追踪报道是提升师生政治理论素养的关键。通过不断地报道和追踪，可以让师生及时了解到学校的最新动态和成果，激发他们的学习热情和参与积极性。同时，重复报道也可以加深师生对重要信息的印象，使之深入人心，产生持久的教育影响。例如，一所大学可以开设名为"学术之窗"的专栏，定期刊登教师和学生的学术成果和研究发现，以及学校在学术领域的最新动态。该专栏可以包括教师的学术论文发表情况、科研项目获批情况，以及学生在科研竞赛中取得的荣誉等内容。通过这样的专栏，可以为师生提供一个了解学校学术氛围和学术成果的窗口，激发他们的学术热情，促进学术交流和合作。

（二）改良网络育人方法

第一，网络思政育人应当摒弃单调枯燥的宣传方式，而是要注重打磨思政育人元素，将先进事迹或感人故事以恰当的形式融入网络宣传报道中。例如，可以通过精心策划的微电影、微纪录片或动画短片，生动展现优秀教师和学生的学习、工作、创新成果，激发师生的学习热情和向上精神。这些生动的故事能够更加贴近师生的生活和学习实际，增强他们对优秀典型的认同感和学习动力。

第二，要以新媒体平台作为育人载体，宣传国家的政策、学校的办学理念和发展方向。新媒体平台具有传播速度快、覆盖面广、互动性强等特点，可以更加直观、生动地展示国家政策和学校风采。例如，学校可以通过建立微信公众号、新浪微博、抖音等平台，定期发布有关国家政策解读、学校发展动态、优秀教师学生事迹等内容，让师生及时了解到最新信息，增强他们的国家意识和校园归属感。

第三，要进行全方位、持续性的新闻报道，形成正确的舆论导向。网络媒体作为新闻传播的重要渠道，承担着引导舆论、传播信息、塑造舆论氛围的重要责任。因此，网络思政育人工作应该注重新闻报道的客观性、公正性和权威性，避免片面性、偏激性的报道，积极引导师生树立正确的世界观、人生观、价值观。例如，可以邀请专家学者撰写学术观点文章，进行多方位的评论和解读，为师生提供多元化的思想交流平台，促进他们的思想认识和观念更新。

（三）弘扬红色文化精神

网络思政育人平台要深入挖掘网络思政育人素材，打造红色文化主题教育板块，依托新媒体平台，实现对与红色文化相关的图片、文字、音频和视频的有效传播，促进思政教育的多元化发展。同时，在平台的互动交流板块中，要时刻关注大学生的思想动态，及时发现并解决出现的问题，对思想要求进步的学生给予肯定与表扬，对思想偏激的学生进行有针对性的沟通与引导，将学生思想出现的问题解决在萌芽阶段。

（四）增强网络育人平台的实用性

在高校职能部门的统筹安排下，加强各院系与就业指导中心的沟通与合作，通过新媒体平台及时、全面地发布招聘信息；依托学院，有计划地聘请专业教师开展网络就业培训，引导毕业生树立正确的择业观，力争为有困惑的毕业生探寻出适合自己的发展路径，为培养社会主义建设人才保驾护航。

第六章　大学生思政教育课程设计与改革

第一节　课程体系建设与优化

一、新媒体时代下大学生思政教育课程体系构建原则

在新媒体时代，大学生思政教育课程体系的构建需要遵循一系列原则，以适应时代发展的需求和学生的特点。

在构建大学生思政教育课程体系时，应当注重以下三个原则。

（一）与时俱进原则

在新媒体时代，课程体系构建需要紧跟时代发展的步伐，充分利用新媒体技术的发展趋势。这一原则的重点在于将新媒体的优势融入课程体系中，使之具有时代特点、前瞻性和创新性。

1.融合新媒体技术

新媒体技术的快速发展为思政教育提供了新的载体和方式。课程体系应当充分融合新媒体技术，包括但不限于网络视频、社交媒体、移动应用等，利用这些工具提供多样化的学习资源和交流平台，使学生能够更加方便、直观地获取知识，增强学习的趣味性和参与性。

2.反映时代特点

课程内容应当紧密贴合当下社会的发展和变化，反映时代的特点和主要矛盾。通过引入当前热点话题、社会现象以及新兴领域的思想观点，使课程具有前瞻性和针对性，激发学生对时事问题的思考和探索。

（二）实践导向原则

实践是思政教育的重要环节，课程体系应当贯穿实践导向的理念，将学生

的学习与实践紧密结合，使之能够在实践中深化对思政教育内容的理解和应用。

1. 开展校园实践活动

课程体系应当设置与校园实践活动相关的内容，如参观调研、社会实践、志愿活动等，通过这些活动引导学生走出课堂，亲身体验社会生活，增强社会责任感和使命感。

2. 注重问题解决能力培养

课程设置应当强调问题导向，引导学生从实践中发现问题、分析问题、解决问题的能力。通过案例分析、项目设计等方式，培养学生的创新精神和实践能力，提升他们在面对复杂社会问题时的应对能力。

（三）个性化教育原则

针对学生的个体差异，课程体系应当实现个性化教育，充分考虑学生的兴趣特点和学习需求，为其提供符合个性化发展路径的教育资源和服务。

1. 多样化的课程设置

课程体系应当设计多样化的课程，满足不同学生的学习需求。可以设置选修课程、实践课程、研讨课程等形式，让学生根据自身兴趣和发展需求进行选择，实现个性化发展。

2. 差异化的教学方式

在教学方式上要注重差异化，采用多种教学方法和手段，包括但不限于讲授、讨论、案例分析、项目实践等，以满足不同学生的学习风格和需求，提高教学效果和学习满意度。

二、课程内容与结构优化策略研究

针对新媒体时代的特点，大学生思政教育课程内容和结构需要进行优化和调整，以提高教学效果和适应时代需求。

在优化大学生思政教育课程内容和结构时，应当注重以下三个策略。

（一）信息化教学资源整合和利用

在新媒体时代，充分利用互联网、社交媒体等新媒体平台，是优化大学生思政教育课程内容和结构的重要策略之一。通过整合和利用信息化教学资源，可以丰富课程内容，提高教学效果，增强学生的学习体验。

1. 多样化的教学资源

利用互联网和社交媒体平台，获取多样化的教学资源，包括但不限于文字、图片、音频、视频等形式的教学资料。通过多媒体教学和在线课程设计，使课程内容更加生动形象，吸引学生的注意力，提高他们的学习积极性。

2. 互动式教学环境

借助网络平台提供的互动功能，构建起互动式教学环境，使学生能够更加活跃地参与到课堂中来。例如，利用在线讨论、网络问答等方式，促进师生之间的互动交流，加深学生对思政教育内容的理解和应用。

（二）跨学科融合

1. 教材内容的实时更新

教材内容的实时更新是保持大学生思政教育课程与时代发展同步的关键步骤。随着社会的不断变化和发展，新的社会现象和政治事件层出不穷，这些变化对于学生的思想政治教育具有重要影响。因此，教材的内容必须紧跟时代潮流，及时进行更新。

（1）教师持续关注社会动态

教师应该密切关注国内外的社会动态和政治事件，包括政策变化、社会热点、重大事件等。通过定期阅读新闻报道、专业期刊、学术论文等渠道，及时了解最新的社会现象和政治动态。

（2）定期教材内容审查和修订

教师团队应定期进行教材内容的审查和修订工作，根据最新的社会现象和政治事件，对教材中的内容进行更新和调整。这需要教师们密切合作，共同研究、讨论、确定教材的更新内容，确保更新后的教材内容准确、权威、具有时效性。

（3）引入案例分析和实践经验

除了直接更新教材内容，还可以通过引入案例分析和实践经验的方式，将最新的社会现象和政治事件融入课堂教学中。通过分析真实案例和学生参与实践活动，使学生更加直观地理解和应用课程内容，提高课程的实效性和吸引力。

2. 丰富多样的教材资源

除了传统的教科书，引入丰富多样的教材资源是教材更新与完善的另一重要策略。多样化的教材资源还包括学术论文、专业书籍、案例分析、网络资讯等，这些资源能够为学生提供更加丰富、全面的学习内容，满足不同学生的学习需求和兴趣。

（1）学术论文和专业书籍

引入学术论文和专业书籍作为教材资源，能够深入挖掘思政教育的理论内涵和专业知识，为学生提供更加系统和深入地学习内容。教师可以根据课程设置和学生水平，选择适当的学术论文和专业书籍作为课程教材，帮助学生建立扎实的学科基础和理论认识。

（2）案例分析和实践经验

案例分析和实践经验是教材更新的重要组成部分，通过真实的案例和实践经验，能够将抽象的理论知识具体化、生动化，增强学生对课程内容的理解和应用能力。教师可以结合课程内容，选取相关案例和实践经验，引导学生进行深入分析和讨论，促进他们的思考和交流。

（3）网络资讯和多媒体资源

利用互联网和多媒体技术，获取丰富的网络资讯和多媒体资源，为课程教学提供更加生动、形象的内容支持。教师可以借助网络平台和多媒体技术，引导学生获取、筛选和利用网络资讯，拓宽他们的视野，丰富他们的知识储备，提高课程的趣味性和实用性。

第二节　新媒体时代下课程内容的更新与调整

一、加强对新媒体文化的理解和把握

（一）纳入新媒体相关内容

1.介绍新媒体的发展历程

新媒体的发展历程是一个从互联网的萌芽到移动互联网的全面普及的过程。在20世纪90年代初，随着互联网的兴起，信息传播方式发生了革命性的变化。互联网的出现极大地改变了人们获取信息的方式，让信息传播更加便捷和快速。

随着互联网技术的不断发展，社交媒体应运而生，人们开始通过这些平台分享生活、交流思想,社交媒体成为人们生活中不可或缺的一部分。进入 21 世纪后,移动互联网的普及使得人们可以随时随地获取信息和交流,移动设备成为人们日常生活中必备的工具。新媒体时代的到来,标志着信息传播的方式发生了根本性的变革,社会各个方面都受到了深刻地影响。

2. 阐述新媒体的特点和影响

新媒体具有多种特点,其中包括即时性、互动性、碎片化、多样化等。首先,新媒体具有即时性,信息可以实现实时更新和传播,人们可以及时获取到最新的消息和资讯。其次,新媒体具有互动性,人们可以通过社交媒体平台进行互动和交流,分享自己的生活、观点和感受,形成了一个开放的交流平台。最后,新媒体的碎片化特点也非常明显,信息呈现方式多样,内容短小精悍,更符合人们碎片化阅读的需求。

新媒体对社会、政治、经济等方面产生了深远的影响。在社会方面,新媒体促进了信息的民主化和传播的广泛化,提高了信息获取的效率和便利性。在政治方面,新媒体成为民主参与和监督的重要工具,人们通过网络平台表达自己的政治观点和诉求,推动了政治体制的改革和进步。在经济方面,新媒体为企业提供了全新的营销渠道,促进了商业模式的创新和发展。

3. 分析新媒体的发展趋势

新媒体的发展呈现出多个趋势,其中包括技术创新、内容创新和商业模式创新等。

首先,技术创新是新媒体发展的关键驱动力之一。随着科技的不断进步,新的技术手段不断涌现,如人工智能、虚拟现实、区块链等技术正在逐渐应用于新媒体领域,推动着新媒体的发展和变革。其次,内容创新是新媒体发展的重要保障。优质的内容是吸引用户的关键,内容创作者需要不断创新,提供具有吸引力和影响力的内容,以保持用户的黏性和活跃度。最后,商业模式创新也是新媒体发展的重要方向。随着新媒体用户规模的不断扩大和用户行为的不断变化,传统的商业模式已经无法满足新的需求,需要不断探索和创造新的商业模式,实现商业和社会价值的双赢。

（二）引导正确使用新媒体

1.强调新媒体的正面作用

新媒体在当今社会中扮演着重要角色，具有诸多正面作用。首先，它促进了信息的传播和共享。通过新媒体平台，人们可以迅速获取到各类信息，了解国内外时事，丰富自己的知识面。其次，新媒体拓展了人们的社交网络。社交媒体平台成为人们交流、分享生活的重要场所，让人们更加紧密地联系在一起。最后，新媒体还推动了社会进步。通过网络平台，人们可以更广泛地参与到社会议题的讨论中，发声、表达观点，推动社会变革和进步。

2.指导学生合理利用新媒体

学生应该学会合理利用新媒体平台。首先，他们需要学会获取各类信息的能力。新媒体平台上汇集了丰富多样的信息资源，但学生需要学会辨别信息的真实性和可信度，避免受到不准确或误导性的信息影响。其次，学生应该学会参与讨论和表达观点。在网络空间，每个人都有发声的权利，但同时也应该负起言论责任，发表理性客观的言论，避免恶意攻击和谩骂言论的出现。最后，学生应该倡导负责任的行为。在新媒体上，不良行为和言论泛滥，如恶意造谣、网络欺凌等现象时有发生，学生应该自觉抵制此类行为，做一个负责任的网络公民。

3.警示信息泛滥和谣言传播的危害

学生需要意识到信息泛滥和谣言传播的危害。信息泛滥不仅会使人们陷入信息过载的困境，还可能导致人们对真实信息的忽视。而谣言传播更是对社会稳定和个人形象的严重威胁。因此，学生需要具备批判性思维和辨别能力，在面对各种信息时，要学会理性分析、慎重判断，避免盲目相信和传播不实信息。

二、多样化和个性化的课程内容设置

（一）根据学生兴趣和特点设置内容

1.问卷调查和小组讨论

问卷调查和小组讨论是了解学生兴趣和需求的有效方式。通过开展问卷调查，可以收集到学生的意见和建议，了解他们的兴趣爱好、学习习惯以及对课程内容的期待。同时，小组讨论也能够深入了解学生的思想和需求，通过集思广益的方式，形成更为全面的了解。

在进行问卷调查时，可以设置一些开放式问题，让学生自由表达对课程内容的看法和建议。例如，询问他们感兴趣的话题、希望学习的技能、期待的课程形式等。通过分析问卷调查结果，可以发现学生的共性和个性需求，为后续课程设置提供参考。

2. 个性化学习计划

鼓励学生制订个性化学习计划，根据自己的兴趣和学习目标选择课程内容，是一种重要的教学方法。每个学生的兴趣爱好和学习需求都有所不同，因此，为他们提供个性化的学习计划能够更好地满足他们的学习需求，激发其学习兴趣和积极性。

个性化学习计划可以包括选择性的课程、专题研讨、实践项目等形式。学生可以根据自己的兴趣和目标，选择符合自己需求的课程内容，并在学习过程中逐步完善和调整学习计划。教师可以根据学生的选择情况，灵活调整课程设置，提供更加多样化和丰富的学习资源，满足学生的个性化学习需求。

（二）设计情景化的案例分析

1. 实际案例探究

在课程中，教师可以提供丰富多样的实际案例，涉及社会、政治、经济等多个领域，让学生通过分析和讨论，深入了解问题的本质和解决方案。这些案例可以是历史事件、社会现象、政策实施等实际问题，具有一定的复杂性和现实性，能够引发学生的思考和讨论。例如，针对社会问题，可以提供关于贫困地区教育发展、环境污染治理、社会不公等方面的案例；针对政治问题，可以提供关于政治腐败、选举制度改革、民主治理等方面的案例；针对经济问题，可以提供关于经济发展模式、产业结构调整、贸易摩擦等方面的案例。通过案例分析，学生可以深入了解问题的背景、原因和影响，掌握相关理论知识，并通过讨论和思考，寻找解决问题的途径和方法。同时，案例分析还能够培养学生的批判性思维和问题解决能力，提高他们的实践能力和综合素质。

2. 角色扮演和模拟演练

除了实际案例探究，还可以组织学生进行角色扮演和模拟演练，让他们身临其境地体验真实场景，锻炼团队合作和决策能力。在角色扮演和模拟演练中，学生可以扮演各种不同的角色，如政府官员、企业家、社会活动家、普通民众等，通过模拟真实情境，展开讨论和决策。例如，可以设计一个模拟联合国会议，学生扮演不同国家的代表，讨论全球性问题，协商解决方案；或者设计一个模拟企业经营管理游戏，学生扮演企业管理团队，面对市场竞争、人才管理等问题，制定经营策略和决策。通过角色扮演和模拟演练，学生能够在实践中运用所学知识，增强团队合作和沟通能力，培养解决问题的能力和决策意识。同时，他们还能够更加深入地理解复杂问题的本质和影响，为未来的工作和生活积累经验和能力。

（三）开展实践性的项目任务

1. 社区服务和公益活动

社区服务和公益活动是学生参与社会实践的重要途径之一。通过组织学生参与社区服务和公益活动，可以让他们了解社会需求，锻炼团队合作和领导能力，培养社会责任感和公民意识。在社区服务和公益活动中，学生可以选择参与各种形式的活动，如义务劳动、环境保护、慈善捐助等。他们可以组织志愿者团队，开展清洁环境、扶老助残、支教助学等社区服务活动，为社会和他人奉献爱心和力量。通过参与社区服务和公益活动，学生不仅可以实践所学知识，还能够感受到帮助他人的快乐和满足，增强他们的社会责任感和公民意识，培养他们的团队合作和领导能力。

2. 行业实习和实践项目

行业实习和实践项目是学生了解职业领域、接触实际工作环境的重要方式。通过安排学生参与行业实习和实践项目，可以让他们在真实的工作场景中学习专业知识和技能，为将来的就业和发展打下基础。在行业实习和实践项目中，学生可以选择参与各种类型的实践活动，如企业实习、科研项目、社会调研等。他们可以在实践中学习专业知识和技能，锻炼解决实际问题的能力，积累工作经验和人际关系。通过参与行业实习和实践项目，学生不仅可以了解职业领域的发展动态和就业需求，还能够提前适应工作环境和规则，增强他们的就业竞争力和职业发展潜力。

第三节　教学方法与手段的创新与实践

在新媒体时代，应当探索和运用各种创新性教学方法，以提高大学生思政教育的效果。可以采用混合式教学、体验式教学等多种教学方法，引导学生积极参与思政教育课程，提高他们的思维能力和分析能力。

一、混合式教学

（一）混合式教学的内涵与特征

高校课堂混合式教学模式源于"后MOOC时代"新型在线课程学习模式——SPOC（小规模限制性在线课程）与传统课堂教学的有机结合。混合式教学模式是指运用数字信息网络技术，通过建立数字网络教学空间，并充分整合传统课堂教学优势，拓展教学环节和教学功能，使"线下"教学与"线上"教学同步展开，满足了不同主体的学习需求，进一步增强了教学的灵活性与时代感，提升了教学的主动性与实效性。混合式教学模式的核心思想在于整合传统与现代教学资源，实现优势互补，充分发挥教师的教学主导性、教务部门的教学辅助性、学生的学习主体性，着实培养学生学习的自主意识和创新能力。混合式教学具有以下三个特征。

1. 以建构主义教学观为理论基础，重点突出学生的创新能力培养

尽管该教学观存在一些不足之处，如过于强调个人意义建构而忽视外部技能训练，但其在学习观、知识观和师生观等方面提出了独到见解。首先，建构主义教学观从学习观的角度强调了学习者的内部生成。它将学习视为个体逐渐从关注外部输入转向内部构建意义的过程，从被动接受转变为主动参与，从"个体户式"学习向"社会化"学习转变。这种转变促进了学生的创新能力培养，使他们能够在实践中主动构建新的知识和理解。其次，建构主义教学观强调了知识的动态性和情境化。它认为知识的生成和理解是在特定情境中通过协作、会话和意义建构而实现的。这种理解有助于学生理解知识的实际运用和变化过程，培养他们的创新意识和适应能力。最后，建构主义教学观将学生视为知识的主动建构者，教师则是学生意义建构的促进者。教师的角色不再局限于

知识的传授者，而是通过提供适当的情境和引导学生进行探究来促进他们的学习。这种师生互动有助于激发学生的创新精神和主动学习意识。

2. 三维教学空间既具有相对独立性，又是相互补充和有机融合

三维教学空间既具有相对独立性，又是相互补充和有机融合的。这三个空间分别是"课堂教学""实践教学"和"线上教学"。在这三个空间中，"课堂教学"是主要的教学渠道和阵地，用于传授思想政治理论知识，具有严密的教学设计和体系。它提供了师生互动的平台，让学生在老师的指导下深入学习理论知识。"实践教学"是重要的教学途径，包括社会考察、调研、志愿服务等，注重通过实践体验来增强学生的理性认知。通过实践，学生可以将理论知识应用到实际情境中，提升理论与实践相结合的能力。而"线上教学"则打破了传统教学空间的限制，融合了课堂教学和实践教学的优势。它提供了新的学习方式和丰富的教学资源，提高了基础理论知识的传授效率。同时，它也促进了传统教学和实践教学空间的改革和拓展，强调互动性、研究性和实践性。

3. 教师主导性与学生主体性有机统一

与传统的教学方式相比，混合式教学模式更是教学理念思维的变革。在传统课堂讲授为主的教学环境下，教师占有绝对的主导性地位，学生知识建构与思维能力培养的积极性与主体性没有得到真正地激发；在实践教学过程中，体验式的环境激发了学生的主体性，但教师主导性的真正发挥却受到了限制。而网络教学较好地汲取了两者的优势，很好地将两者勾连起来。因此，混合式教学模式下，由于教学环节与过程相对复杂，教师更要深入分析学生的需要、更加注重教学环境的设计，充分利用多维教学空间，实现教学优势互补，将知识的传授、学生的认知与思想行为的塑造紧密结合起来。而针对学生主体而言，三维教学空间的建构更有利于激发学生学习的自主性、创造性、便利性，从而实现教学相长，切实提升教学针对性和有效性。

（二）混合式教学视域下高校思想政治理论课考核模式改革的基本原则

混合式教学模式下，高校思想政治理论课考核模式应基于混合式教学的内在本质要求与思想政治理论课性质特点，遵循以下三大基本原则。

1. 理论考核与实践考核相结合原则

由于受到传统教学模式的影响，高校思想政治理论课教师主要还是利用课

堂进行相关教学，而忽视了或不愿意采取实践教学的形式。这种思维模式表现在高校思想政治理论课考核过程中，比较注重学生卷面成绩的理论考核，而不太重视学生实践成绩的考核，导致知行不一，往往培养的是笔尖上的"能人"、口头上的"巨人"和行动上的"矮人"。因此，从培养"有理想、有本领、有担当"的新时代青年大学生来看，就必须将学生实践考核纳入高校思想政治理论课考核体系之中，并适当突出其权重，使实践考核与理论考核紧密结合起来，促进学生知行相向而行、齐头并进。

2. 过程性考核与结果性考核相结合原则

混合式教学模式是课堂、实践与网络三维空间教学的有机融合体，丰富和拓展学生教学空间体验的同时，较好地促进学生的知、情、意、行协调发展，内在地契合了高校思想政治理论课教学过程性考核的要求。在传统教学模式下，由于过程性考核过于复杂和烦琐，高校思想政治理论课教学还是比较注重课程的结果性考核，即期末考试卷面分数的判定，在事实上不太重视教学过程中对学生平时学习过程的考核，而是把闭卷或开卷考试成绩作为重要的结果性考核。由于网络教学空间的产生，给思想政治理论课过程性考核提供了技术、资源的便利条件，教师可以方便快捷地掌握学生的学习情况，及时指出学生学习中存在的问题与不足，并适时加以指导。这一点，恰好弥补了传统课堂教学空间有限与教学资源缺乏的窘境。另外，实践教学也正好弥补了传统课堂教学"知而不行""知行分离"的尴尬。因此，混合式教学模式下的高校思想政治理论课考核也就内在地要求将过程性考核与结果性考核紧密结合起来。

3. 线上考核与线下考核相结合原则

在当前混合式教学模式背景下，高校思想政治理论课教师还是较为偏爱"省事"的线下考核，而拒斥"惹事"的线上考核。一是从教学主体来看，目前高校思想政治理论课教学师资队伍构成中，绝大部分教师是60后、70后，由于习惯了传统教学方法，主观上不愿意更改教学方式，客观上还不太适应网络教学，因而较难实施线上考核。二是从教学对象来看，当今的90后、00后大学生大量使用手机、计算机等新媒体技术，同时也易受到网络海量信息的干扰，增加学习的阻力。三是从教学管理来看，在教务管理与维护运用过程中，也涉及资金、技术、人员和场地等限制，使得在线考核无法有效全面铺开。毋庸置疑，线上考核具有线下考核不可比拟的功能和优势，尤其是对意识形态教育很明显的高校思想政治理论课而言，线上考核可以增加考核的趣味性、灵活性、多样性，容易吸引学生投入其中进行学习。因此，在混合式教学模式下，高校思想政治理论课考核应将线上考核与线下考核结合起来。

（三）混合式教学视域下高校思想政治理论课考核模式改革的主要路径

1.考核内容系统化

考核内容系统化是高校思想政治理论课改革的重要方向之一。为此，高校思政理论课教师需要严格遵循课程目标体系，结合具体课程的特点和性质，制定切实可行的教学目标和考核体系。这包括优化课程学分学时设置比例，平衡理论教学与实践教学的比例，以及模块化考核。传统的课堂时空概念已经不再适用，因此需要打破这种观念，将课堂时间划分为线上和线下两部分，并进一步划分为课堂学习、网络在线学习和实践学习三个部分。这样的划分能够更好地适应学生的学习习惯和需求，提升学习的灵活性和效率。考核内容的调整设置也至关重要。应该在整体性和针对性之间进行平衡，确保考核内容既能够全面覆盖课程所涉及的知识点和能力要求，又能够具体针对学生的学习情况和水平进行考核。这样的考核设置能够更好地促进学生的身心发展，提升他们的学习动力和成绩表现。

2.考核方式多样化

在混合式教学模式下，高校思想政治理论课的考核方式应该具有多样性。除了传统的理论知识考核外，还应该包括其他形式的考核，如写论文、案例分析、PPT汇报交流、演讲和辩论等。对于课堂教学部分，考核形式可以包括对学生参与课堂讨论和互动的评价，以及对他们在演讲和辩论中的表现进行评定。这样的考核方式可以更好地激发学生的思维和表达能力，促进他们的学习兴趣和主动性。实践教学部分则可以通过学生自主开展的社会实践活动来考核其参与能力、动手能力和践行能力。这种考核方式能够更好地培养学生的实践能力和创新意识，增强他们的社会责任感和团队合作精神。线上教学部分则可以通过在线提问、做作业、小组讨论和观看或下载教学资源等方式进行考核。这种考核方式可以帮助学生在网络环境下积极参与学习，培养其学习能力、思维能力和创新能力。

3.考核主体多元化

在混合式教学模式下，高校思想政治理论课的考核主体应当多元化，主要涉及三个方面：思想政治理论课教师、学生、管理人员和教辅人员。首先，思想政治理论课教师是对学生进行思想政治理论课考核的直接实施者和责任者，担负着主导地位。他们负责设计和组织考核内容、评价学生的表现，并对学生的学习情况进行跟踪和指导，发挥着重要的引导和监督作用。其次，学生的自我考核和互评考核是思想政治理论课教学效果的重要体现和提升者。通过学生自主评价和相互评价，可以促进学生对自己学习情况的认识和反思，激发其学习动力和自我管理能力，从而有效提高学习效果。最后，管理人员和教辅人员，如辅导员等，是对学生进行思想政治理论课学习评价的有力补充。他们可以从侧面反映学生对思想政治理论课学习的状况与接受的程度，提供及时的指导和帮助，促进学生全面发展。

4.考核评价全程化

全程化即全覆盖，使考核伴随学习的全过程，树立"过程性"与"结果性"并重的课程考核思维。在混合教学模式中，基于多元教学理论，考核过程应实现全方位，体现教学过程和学习过程的完整性。高校思想政治理论课教学要从三个教学活动空间，紧紧围绕学生的认知、能力、思想与行为四个方面，采取课堂学习、在线学习、实践体验、平时考勤、期中考查、期末考试六位一体的评价方式进行全程考核。考核评价全程化较好地避免了主观随意性，有效防止"晕轮效应"和"首因效应"的出现，使得评价更加合理、公正、全面，有利于促进学生学习的积极性、主动性和创造性。

二、体验式教学

（一）体验式教学融入高校思政课的价值意义

1.人的完整性与体验式教学

把体验式教学应用于高校思政课教学，可以让学生在教学中把理论知识内化为科学的立场、世界观、人生观和价值观，深刻领略生命存在的意义。从感性升华到理性是人树立具体价值准则的现实路径。虽然在现实生活中强调人应该理性地生活，但如何才能形成理性的思维模式和价值理念，这需要返回到感性生活中才能找到答案。理性思维无法代替具体的感性事物和具体的感性经历，感性活动让人获得具体认识与感知，未经感性生活验证的价值立场、价值准则和处事方式往往不能深入学生心坎里。马克思认为，"意识的一切形式和产物不是可以通过精神的批判来消灭的"，意识形态的改变不能只靠说教或精神批判，而应通过在现实环境中的体验来实现。虽然人是社会化的产物，但人并不是一出生就是社会化的人，人要通过具体的社会环境体验活动，而且只有在具体的现实的社会关系中多次重复某种特定的思维方式和行为方式，才能把思维方式和行为方式内化为思想意识与能力。离开了具体的社会环境，离开了具体的现实的社会关系，人将不能成为真正意义上的人。因此，体验式教学方式融入高校思政课，有助于学生在现实生活中感受与体验思政课理论知识的魅力，自觉把思政课理论知识内化为审视人生问题的立场、判断人生机遇与挑战的观点和方法，并内化为引领现实生活的重要思想动力。

高校思政课理论知识更新和课程使命要求不断探索新的教学模式，增强立德树人实效。高校思政课教材的理论知识以抽象概括与理论提升的形式描述了中国共产党的革命历程和我国社会主义建设的丰富实践，这些理论知识对于学生而言，是理性的，也是抽象的。如果只是就课本而课本，未能在历史情境中讲解高校思政课理论知识，那么学生就不能真正理解和掌握理论知识。因此，高校思政课作为立德树人的关键课程，不能只是局限于抽象的、高度概括的教材知识的理论说教，而应与现实生活相结合，在生活体验中把抽象的教材知识具体化，把教材的抽象理性知识在现实生活中还原为具体的生活背景，而这就要求我们要把实践活动作为高校思政课教学的重要组成部分。传统的说教式教学模式，过度拘泥于理论宣讲，由于学生缺乏生活体验，难以引起他们的共鸣，也难以调动他们的积极性，其教学效果是有限的。忽视感性认识的作用，片面夸大理性认识的作用，只能让高校思政课教学成为抽象的外在的理论说教，缺乏吸引力和说服力。因此，应努力把社会、生活与课堂结合起来，通过多样体验让学生获得价值认同与立场归属。高校思政课教学过程也是运用理论对学生进行知识传授和思想教育，以理论武装学生并成为推动实践活动的重要物质力量的过程。所以，把体验式教学应用于高校思政课教学，就是要突破传统的说教式教学模式，强调在具体的情境体验中将思政课理论知识内化为学生思考问题和解决问题的立场、观点和方法，这对于增强高校思政课育人实效具有重要价值。

体验式教学有利于将理论与实践相结合，在具体的体验活动中树立科学的价值观。人生价值何在、人存在的意义是什么、努力学习的目的是什么、世界存在的意义是什么、世界怎样运转等诸如此类的问题，不同背景、不同立场的人的解答都是不一样的。对这些问题的解答如果只是停留于理性层面，是缺乏说服力的，也是无法入心入脑的。只有让学生在感性的现实生活中感受高校思政课的科学性，才能增强他们学习思政课的自觉性。

2. 体验式教学与学生主体地位的关联

将体验式教学融入高校思政课教学中，有助于突显学生的主体地位，创造更为宽松的学习氛围，促进学生的个性发展，提升思政课的亲和力。这种教学模式能够更好地满足学生的需求，使他们在学习中更加积极主动，从而提升课程的吸引力。体验式教学注重的是学生的参与和体验，而不是简单地向他们传授知识。它倡导学生在实际情境中进行思考、选择和解决问题，从而培养他们的独立思考能力和创造力。相比之下，传统的说教式教学模式则往往将学生置于被动接受知识的角色，忽视了他们的主体性和独立性。近年来，随着对高校思政课的重视以及教育教学改革的推进，体验式教学逐渐受到了更多教育者的认可和采用。通过体验式教学，教师和学生之间的互动得到了增强，学生的学习兴趣和参与度也得到了提升。这种教学模式能够更好地调动学生的积极性和主动性，使他们更加深入地理解和感悟高校思政课的理论知识，从而增强对课程的认同感和兴趣，提升课程的亲和力。

3. 体验式教学与培育完整人格

体验式教学的应用有助于培育完整的人格，即将感性与理性相结合，实现人的全面发展。人作为感性和理性共同构成的生命体，需要在教育过程中得到充分地体验和认知，才能真正实现完整的人格发展。

在体验式教学中，通过实践活动和情景模拟，学生可以全方位地感知和认识世界，从而形成对生活、社会、价值观的深入理解。例如，通过社区服务和公益活动，学生能够亲身体验社会的多样性和复杂性，增强社会责任感和公民意识。这种实践经历有助于引导学生在实践中树立正确的人生观和价值观，从而实现感性层面的成长和发展。

同时，体验式教学也能够激发学生的理性思维和分析能力。通过实践项目和情景分析，学生需要运用逻辑思维和理性分析来解决问题，这种过程培养了他们的理性思维能力和判断力。例如，在实践项目中，学生需要分析问题、制定方案、实施计划，这种过程促使他们从理性的角度去思考和解决实际问题，提升了他们的综合能力和实践技能。

（二）体验式教学融入高校思政课的现实路径

著名教育家叶圣陶先生指出："教学有法，教无定法，贵在得法。"这表达了教育教学的内在规律，高校思政课采取哪种教学方法，最根本取决于怎样才能"得法"。高校思政课教师只有不断根据教学内容、社会变迁、学生思想状况等因素采取适当的教学方法，才能起到理想的教学效果。而体验式教学就是实现理想教学效果的有益探索。所以要努力把体验式教学融入高校思政课，通过生活体验、情境体验、红色资源体验、艺术活动体验等体验方式，提升高校思政课的教学效果，把学生培养成为合格的社会主义建设者和接班人，使高校思政课真正成为立德树人的关键课程。

1.生活体验的重要性

生活体验在高校思政课教学中具有不可替代的重要性。它是通过将理论知识与现实生活相结合，让学生在生活中感悟思政课理论知识的科学性和现实性，从而增强对思政课的认同和理解。这种体验旨在引导学生成为美好生活的创造者，为他们的人生道路注入智慧和力量。

第一，生活体验强调将理论知识与现实生活相结合。通过日常生活体验、社会公共生活体验和职业生活体验等活动，学生可以深入感受到思政课所传授的理论知识在现实生活中的运用和意义。例如，在日常生活体验中，学生可以通过家庭生活的种种细节，感受到党的初心和使命，从而增强对思政课理论知识的认同。这种结合能够让学生从实践中理解理论，进而在各种复杂情境中抓住问题的本质和关键。第二，生活体验有助于增强学生的社会责任感和使命感。通过社会公共生活体验，学生可以观察社会生活状况，了解党和国家的方针政策，从而形成投身社会主义建设的责任感和使命感。比如，参与志愿者活动或者社会公益活动，可以让学生亲身感受到社会的自由、平等、公正与法治，从而增强对社会发展的认同感，并自觉成为社会主义核心价值观的传播者和践行者。第三，职业生活体验可以激发学生的社会参与意识和创造力。通过走访劳动模范和参与职业实践活动，学生可以了解不同职业的社会价值和意义，从而树立劳动光荣意识和劳动平等观念。例如，学生可以体验到劳动对于社会发展的重要作用，从而增强参与社会劳动的积极性，为社会主义建设贡献自己的力量。

2.情境体验的实施方法

情境体验是根据教学目标和教学环节在课堂上创设特定情境，引导学生积极地通过情境体验活动获得感知与感悟的教学活动。高校思政课教学可通过创设教学情境，组织学生在情境中参与相关情境体验活动。其中，教学需要是情境体验的前提条件，引起价值思考或情感共鸣、深化思想认知与感悟是情境体验的作用支点，学生的认知与知识结构是情境创设的焦点，创设能引起共鸣的现实生活情景是情境体验的中心环节，而合作与探究则是情境体验的基本方法。因此，情境体验教学应重视教学情境的设计，只有精心设计，创设合乎学生认知与经历的情境，才能引起学生的情境认同与情感共鸣。情境体验应包括两个阶段，即学生直观亲历体验阶段和反思升华阶段。一是创设时空情境、生活情境、问题情境，推动学生参与实践活动，让学生对蕴藏在情境中的感性现象加以充分感知与认识；二是对所体验的感性现象进行思考、理解与领悟，从情感上深化对马克思主义基本立场、观点和方法的理解与认同，进而从行为上进行规范与践行，最终实现学生思想的深化与升华。

3.红色资源体验的意义和方法

红色资源体验在高校思政课教学中具有重要意义，其方法多样，旨在激发学生的社会责任感与民族使命感，增强思政课的育人实效。

首先，红色资源体验可以通过建设红色博物馆、红色教育实践基地等场所，创设现场体验活动。学生可以通过参观这些地方，回顾革命历史，感受红色文化的魅力。例如，参观红色博物馆，学生可以近距离接触革命历史的实物展示，从而更加深入地了解红色精神的内涵。其次，利用红色资源网络平台，扩大学生的红色资源体验机会。通过在网络上展示红色精神的实践活动和相关资料，让更多的学生能够参与其中，增强对红色文化的认同和理解。例如，可以在网络平台上发布红色主题的故事、视频等内容，让学生通过观看、学习、讨论，感受红色文化的力量。最后，组织学生参与红色主题的实践活动也是一种重要的方法。可以利用课余时间，组织学生到红色教育实践基地开展红色主题理论宣讲、红土地支教、寻访革命遗迹等活动，让学生亲身参与其中，感受红色精神的力量和魅力。例如，学生可以到革命老区进行实地调研，了解当地的革命历史和红色文化，从而增强对红色文化的认同和理解。

4.通过艺术活动体验增强思政课教学效果

艺术活动体验是一种直观的生命体验，是对生命与生活直接地感知与体会。红色歌曲形成于革命进程中，深刻表达和宣传了革命年代的革命意志、革命精神、民族情怀和高尚人格，起到了巨大的激励与团结群众的作用。红色歌曲具有政治性、思想性、时代性等特点，可以通过在课堂上倾听和吟唱红色歌曲，让学生体会红色歌曲的昂扬豪迈，体会当年中国共产党领导下的人民军队所蕴藏的英雄气概以及坚不可摧的气势，从而培养他们的家国情怀。美术作品具有直观、感染力强等特点，可以开展以红色文化、党史等为主题的美术作品创作和赏析活动，通过作品的构图、色彩、造型和高超技艺呈现革命文化，描绘出当年中国共产党领导下的人民军队的必胜信念和革命豪情，生动再现中国共产党波澜壮阔的光辉历程，让学生在红色美术作品创作和赏析中学习革命历史、感悟革命真理，实现用艺术讲好中国故事、传播好中国声音的目的。红色影视具有形象性、艺术性等特点，可以通过创作或剪辑短片、微视频等艺术活动，将红色影视融入思政课，以艺术作品的形式，梳理众多革命英雄、优秀党员、道德模范的感人事迹，借助电影独特的艺术感染力，把鲜活的思政案例呈现给学生，增强他们对思政课的认知与感悟，形成向优秀人物、革命英雄学习的良好风尚。

第七章　新媒体时代下大学生的信息素养与思政教育

第一节　信息素养的内涵与重要性

一、信息素养概念界定与内涵分析

（一）信息素养概念的界定

信息素养的界定涉及个体在信息社会中的能力和水平，不仅仅是简单地获取信息，更重要的是对信息进行理解、评价、创造、传递和运用的能力。信息素养的内涵和意义在当今信息化社会中变得愈发重要，影响着个体的学习、工作和生活。下面将深入探讨信息素养的概念界定，以及其在实际生活中的应用和意义。

首先，信息素养的概念不仅包括对信息的获取能力，还涵盖了对信息的理解和评价能力。在当今信息爆炸的时代，个体需要具备辨别信息真伪、筛选有用信息的能力，以应对信息过载的挑战。举例而言，一个具有高水平信息素养的人，在浏览网络新闻时能够辨别虚假信息和真实信息，从而避免受到误导和欺骗。其次，信息素养还包括对信息的创造和传递能力。这不仅仅是指个体能够创造新的信息内容，更重要的是能够有效地将信息传递给他人，实现信息的共享和交流。举例而言，一个具有高水平信息素养的人，能够利用社交媒体平台发布有价值的信息，引起他人的关注和思考，从而促进信息的传播和共享。最后，信息素养还包括对信息的运用能力。这涉及个体能够将获取到的信息应用于实际生活和工作中，解决问题、提高效率和创造价值。举例而言，一个具有高水平信息素养的人，在工作中能够利用信息技术和工具，快速找到所需信息，并加以运用解决实际问题。

（二）信息素养的内涵分析

1. 信息获取能力

信息获取能力是指个体通过各种途径和渠道获取所需信息的能力。在信息化时代，信息获取已经变得非常便捷，但如何高效地获取有效信息仍然是一个挑战。这需要个体具备一定的信息检索技巧和方法。例如，在学术研究中，个体可以通过图书馆的书籍、期刊、数据库等资源获取学术信息；在日常生活中，可以利用互联网搜索引擎、社交媒体平台等获取各类信息。信息获取能力的提升需要个体具备良好的信息搜索和筛选能力。个体需要学会使用关键词搜索、信息过滤等方法，以快速找到所需信息，并且能够判断信息的可信度和适用性。此外，了解各种信息资源的特点和优势也是提升信息获取能力的重要途径。例如，在学术研究中，个体需要了解不同数据库的特点和覆盖范围，以选择最适合自己研究课题的信息来源。

2. 信息理解能力

信息理解能力是指个体对获取到的信息进行理解和解读的能力。在信息化社会中，信息呈现的形式多种多样，个体需要具备较高的信息解读能力才能准确理解信息的含义和意图。这需要个体具备良好的语言表达能力、逻辑思维能力和文化素养。信息理解能力的提升需要个体具备对不同类型信息的解读能力。个体需要了解信息的背景和上下文，分析信息的逻辑结构和信息传递方式，以确保准确理解信息的含义。此外，个体还需要具备批判性思维，对信息进行客观分析和评价，以避免受到误导和偏见的影响。

3. 信息评价能力

信息评价能力是指个体对获取到的信息进行评价和判断的能力。在信息化社会中，信息的真实性、可靠性和权威性变得越来越重要，个体需要具备较高的信息评价能力才能有效地利用信息资源。信息评价能力的提升需要个体具备一定的信息素养和批判性思维能力。个体需要学会从多个角度对信息进行评价，包括信息的来源、发布者的资质、信息的一致性和可信度等方面。此外，了解信息背后的利益关系和意图也是提升信息评价能力的重要途径。

4.信息创造能力

信息创造能力是指个体能够利用已有信息进行创造性思考和创新的能力。在信息化社会中，信息不仅仅是被动接收和消费，个体还需要具备一定的能力将信息进行加工、整合和创新，以产生新的知识和价值。信息创造能力的提升需要个体具备较高的创新意识和创造力。个体需要学会从不同的角度和视角思考问题，发现信息之间的联系和关联，从而产生新的见解和观点。此外，个体还需要具备良好的表达能力和沟通能力，将自己的创意和想法有效地传达给他人。

5.信息传递能力

信息传递能力是指个体能够有效地将获取到的信息传递给他人的能力。在信息化社会中，信息的传递和分享已经变得非常普遍，个体需要具备良好的信息传递能力才能有效地与他人进行沟通和交流。信息传递能力的提升需要个体具备良好的沟通技巧和表达能力。个体需要学会选择合适的沟通方式和表达方式，以确保信息能够准确地传达给目标受众。此外，个体还需要具备倾听和理解他人的能力，以有效地回应他人的需求和反馈。

6.信息运用能力

信息运用能力是指个体能够将获取到的信息应用于实际生活和工作中解决问题的能力。在信息化社会中，信息不仅仅是被动接收和消费，个体还需要具备一定的能力将信息运用于实际生活和工作中，解决问题、提高效率和创造价值。信息运用能力的提升需要个体具备良好的问题解决能力和实践能力。个体需要学会从信息中提取有用的内容和知识，运用于实际问题的解决过程中。此外，个体还需要具备良好的信息管理和分析能力，以确保信息能够被有效地利用和应用于实际情境中。

二、信息素养对大学生思政教育的意义与价值

（一）信息素养对大学生思政教育的意义

1.提升思想政治理论学习效果

信息素养对大学生思政教育的意义首先体现在提升思想政治理论学习效果方面。随着信息化技术的发展，学生可以通过互联网、数字图书馆等途径获取

大量的思想政治理论知识。信息素养的提升可以帮助学生更加高效地利用这些信息资源，快速获取所需的思想政治理论知识。例如，他们可以利用搜索引擎快速找到相关资料，利用在线课程和数字图书馆学习相关理论知识。这样，学生可以在较短的时间内获取更多的学习资源，提升学习效果。此外，信息素养还可以帮助学生更好地理解和评价思想政治理论知识。通过信息素养的培养，学生可以学会分析和判断信息的真实性和可信度，筛选出对自己学习有价值的内容。这样，他们可以更加深入地理解思想政治理论知识，提升学习的深度和广度。因此，信息素养的提升可以有效地提高大学生思想政治理论学习的效果。

2. 增强思想政治理论应用能力

信息素养对大学生思政教育的意义还体现在增强思想政治理论应用能力方面。思想政治理论的学习不仅仅是为了获取知识，更重要的是要能够将这些理论知识应用于实际生活和工作中解决问题。信息素养的提升可以帮助学生更好地将学习到的思想政治理论知识应用于实际问题的解决中。通过信息素养的培养，学生可以学会从大量的信息中获取对解决问题有用的内容，并且能够对这些信息进行分析和整合，提出解决问题的有效方案。例如，在社会实践活动中，学生可以利用获取到的思想政治理论知识，结合实际情况，提出解决社会问题的方案，为社会发展做出贡献。因此，信息素养的提升可以有效地增强大学生的思想政治理论应用能力。

3. 培养思想政治理论创新意识

信息素养对大学生思政教育的意义还体现在培养思想政治理论创新意识方面。随着社会的不断发展和进步，思想政治理论也在不断地更新和发展。信息素养的提升可以帮助学生更好地了解和掌握最新的思想政治理论知识，从而激发他们的创新意识和创造性思维。通过信息素养的培养，学生可以学会从各种信息中获取灵感和启发，提出新的观点和见解。例如，他们可以通过参与学术讨论、阅读学术论文等途径了解到最新的研究成果和理论观点，从而启发自己的创新思维。这样，他们可以在思想政治理论学习中提出新的见解和观点，为思想政治理论的发展做出贡献。

4. 增强社会责任感和使命感

信息素养对大学生思政教育的意义还体现在增强社会责任感和使命感方面。

作为社会主义建设者和接受者，大学生应当具备良好的社会责任感和使命感。信息素养的提升可以帮助他们更好地认识到自己在社会发展中的重要性和责任，并激发他们积极参与社会实践和公共事务的意愿和行动。通过信息素养的培养，学生可以了解到社会发展和变革的需要，认识到自己作为社会成员所应承担的责任和义务。例如，他们可以通过获取和分析社会问题的信息，了解到社会存在的各种问题和困难，从而认识到自己有责任为解决这些问题做出贡献。此外，他们还可以通过获取社会发展的信息，了解到国家的发展方向和战略目标，认识到自己有义务为实现国家的发展目标做出贡献。

（二）信息素养对大学生思政教育的价值

1. 提升思政教育的实效性

信息素养的提升可以使思政教育更加贴近大学生的实际需求和学习特点，从而提升思政教育的实效性。随着信息化社会的发展，大学生获取信息的渠道日益多样化，信息量也不断增加。因此，通过提升学生的信息素养，可以更好地满足他们获取、评价和运用信息的能力需求，使思政教育内容更加贴近学生的实际生活和学习情境，提高教学的针对性和吸引力。

2. 促进思政教育与现实生活的融合

信息素养能够促进思政教育与现实生活的融合，使思政教育更加贴近大学生的生活经验和社会实践。随着新媒体技术的发展，信息获取的方式愈加多样，大学生对于思政教育的期待也随之改变。通过提升学生的信息素养，可以更好地利用新媒体平台，将思政教育与学生的实际生活联系起来，引导学生从社会、文化、政治等多个方面获取信息，拓宽思维视野，加深对思政理论的理解和认识。

3. 培养学生的综合素质

信息素养的提升不仅仅是单一的知识技能的提高，更是对学生综合素质的培养。思政教育旨在培养学生的思想道德素质、科学文化素质和社会实践素质，而信息素养则能够为学生的综合素质提升提供重要支撑。通过信息素养的培养，学生不仅能够更好地获取和理解思政理论知识，还能够运用信息技术和方法解决实际问题，增强社会参与能力和创新能力，从而全面提升大学生的思政教育水平，培养德智体美劳全面发展的社会主义建设者和接班人。

第二节　新媒体时代下大学生信息素养现状分析

当前高校数字化设备、网络化设施逐渐完善，为应对日益发展的信息化社会，高校必然要加强培养来提升大学生的信息素养，因此，应在充分调研大学生信息素养的现状的基础上，针对当前出现的情况和存在的问题提出相应的有效解决对策。在整理剖析相关文献基础上，通过采用问卷调查法和个别访谈法，综合各个方面因素发现，当前大学生信息素养还存在以下四个问题。

一、信息意识薄弱

部分大学生信息意识相对欠缺，既不能精准把握当前信息环境，也不能精确研判当前信息源和表达自身的信息诉求，甚至有少数大学生排斥信息化。

（一）对当前信息环境认知不足

部分大学生在信息意识方面存在薄弱之处，主要表现在不能精准把握当前信息环境。这可能源于对信息化社会的认知不足，缺乏对信息时代特点的深刻理解。信息社会的快速发展和多样化的信息载体给大学生带来了前所未有的信息冲击，但由于信息素养教育的不足，部分学生缺乏对信息社会的认知，无法准确理解和适应当前信息环境的变化，从而导致信息意识的薄弱。

（二）对信息源的识别能力不足

另一方面，部分大学生在信息意识方面存在的问题是无法精确研判当前信息源。在信息爆炸的时代背景下，大量的信息源涌现，包括网络、社交媒体、新闻平台等，但是部分大学生缺乏对信息源的识别能力，无法准确判断信息的真实性和可信度。这种缺乏识别能力的现象导致了大学生容易受到虚假信息的误导，影响了他们的信息获取和使用效果。

（三）对信息表达能力的欠缺

除了信息获取方面的问题，部分大学生在信息意识方面还存在着信息表达能力不足的情况。信息表达能力的不足可能源于对信息素养的培养不足，以及缺乏相关的实践和培训机会。在信息时代，信息表达能力是一项重要的综合素养，能够帮助大学生更好地传递自己的观点和理解，参与社会交流和互动。然而，由于缺乏对信息表达能力的重视和培养，部分大学生的信息表达能力不足，无法有效地将自己的想法和观点传递给他人，影响了他们的学习和交流效果。

二、信息知识掌握不够

（一）对新型信息技术了解度低

部分大学生对新型的信息技术，如 5G、区块链等了解度较低，未能系统地学习和探究这些信息的相关知识。这可能源于教育资源的匮乏，学校未能及时更新和完善相关课程，导致学生无法系统学习新型信息技术的基础知识。

（二）缺乏系统学习信息知识的机会

大学生在校期间未能获得系统学习信息知识的机会，未能了解信息的历史发展脉络、基础应用、工作原理等方面的知识。这可能是因为课程设置的不足或内容单一，学生在课堂上未能系统学习相关知识，导致了信息知识掌握不足的情况。

（三）技术操作能力不足

超过三分之二的访谈学生不能熟练使用操作系统、App 和网络搜索引擎，以及不能根据自身专业诉求提升信息素养等问题，可能是由于技术操作能力不足所致。这可能与学校的教学方法和资源配置不足有关，学生缺乏实践机会和指导，导致了技术操作能力的欠缺。

三、信息技能不强

信息技能是信息素养的关键部分。大学生信息技能有待提升，具体表现在信息采集技能、信息剖析技能、信息推断技能、信息表达技能、信息使用技能和信息评价技能的欠缺，自身掌握的信息能力不足以应对学习和生活的难题。

（一）信息采集技能欠缺

大学生对信息的获取方式局限于关键词检索，缺乏高级的专业检索模式的应用。这可能是因为学生在信息采集方面缺乏系统的培训和指导，未能掌握多样化的信息获取技巧，导致信息采集能力不足。

（二）信息剖析和推断能力不足

在信息剖析和推断方面，大学生往往只进行简单的初级筛选，缺乏对网络信息的深入分析和批判性思维。这可能源于学生在信息素养培养过程中未能得到有效地引导和训练，导致他们缺乏对信息进行深入思考和判断的能力。

（三）信息表达和使用技能有限

大部分大学生在信息表达和使用方面存在一定的局限性，未能将获取到的信息有效地运用于学习和生活中。这可能与学生在信息素养培养过程中缺乏实践机会和指导有关，导致他们无法将理论知识转化为实际应用能力。

四、信息道德弱化

部分学生未充分认识到遵守信息规则和信息伦理的重要意义，对信息法律知识的重视程度不高，存在自身网络行为失范现象。

（一）对信息规则和伦理的认识不足

部分学生未能充分认识到遵守信息规则和伦理的重要性，缺乏对信息法律知识的重视。这可能与信息伦理教育的不足有关，学校在培养学生的信息技术和知识方面偏重于传授知识和技能，而忽略了对学生道德观念和伦理意识的培养。

（二）学术道德水准不高

在学术领域，部分学生存在抄袭他人科研成果的现象，严重侵犯他人知识产权。这可能与学术道德教育不够到位有关，学校在学术道德方面的培养不够深入，学生缺乏正确的学术道德观念和行为规范。

（三）缺乏信息伦理意识

部分学生在网络信息活动中存在乱发滥用信息的行为，不考虑后果，甚至涉及违法犯罪行为。这可能是因为学校在信息伦理教育方面忽略了对学生伦理意识的培养，使得学生缺乏正确的信息伦理观念和行为准则。

第三节 思政教育对大学生信息素养提升的作用与路径

高校应积极思考应对之策，将提升大学生信息素养贯穿到其成长发展的各个阶段，以高质量的信息素养教育培养大学生的信息素养。

一、更新观念，培养大学生信息意识

完备的信息意识是提升大学生信息能力的必要前提条件。作为主体的大学生与客体的信息互相作用，信息意识通常包括信息感知、信息情感和信息行为三个方面。

（一）信息意识的重要性

1. 信息意识的深度解析

信息意识作为当代大学生应具备的重要素质，在信息社会的背景下显得愈发重要。它不仅仅是对信息的感知，更是一种深刻地认识和理解，涵盖了信息感知、信息情感和信息行为三个方面。在知识经济时代，信息意识的完备程度直接关系到大学生的信息素养水平和个人发展的可持续性。

（1）信息感知

信息感知是信息意识的基础，是指大学生对周围信息环境的觉察和感知能力。在当今数字化、信息化的社会，信息涌入大学生的生活和学习的方方面面。大学生需要具备辨别信息真伪、筛选信息价值的能力，从海量信息中找到所需的有效信息，避免信息过载和信息焦虑的困扰。这需要大学生具备敏锐的观察力、广泛的信息来源和丰富的信息处理经验。

（2）信息情感

信息情感是指大学生对信息的态度和情感倾向。面对信息时，大学生应该具备积极向上的情感态度，保持开放、乐观的心态，愿意接受新的知识和观点，勇于探索和创新。同时，也要有批判性思维，保持对信息的理性评价和判断，不被一时的情绪所左右，避免盲目相信和传播不实信息，保持清醒的头脑和独立的思考。

（3）信息行为

信息行为是信息意识的最终体现，是大学生将信息感知和情感转化为实际行动的过程。良好的信息行为应当体现在大学生的信息获取、利用和传播过程中。他们应当注重信息的来源和质量，善于利用各种信息资源，培养自己的信息检索和分析能力。同时，在信息传播过程中，要积极倡导正能量，传播真实、客观、有益的信息，树立正确的社会价值观和道德观，为社会的进步和发展贡献自己的力量。

2. 信息意识的重要性

信息意识对大学生的重要性不言而喻。首先，它是大学生信息素养的基石。信息意识的完备程度直接影响着大学生的信息获取、处理和利用能力，是其成为信息时代合格公民的基础。其次，信息意识是大学生终身学习和个人发展的关键。在知识更新速度加快、科技不断进步的时代，只有具备了良好的信息意识，大学生才能不断适应社会发展的需要，实现个人的自我提升和价值实现。最后，信息意识也是大学生参与社会治理和社会建设的前提。信息意识使大学生具备了审慎、负责任的信息行为，能够积极参与社会公共事务，为构建和谐、健康的社会环境做出贡献。

在信息时代，信息意识的培养已经成为大学生教育的重要任务。学校、家庭和社会应当共同努力，从教育体系、教育内容和教育方法等方面入手，全面提升大学生的信息意识水平，培养一代具有高度信息素养和社会责任感的新型人才。

（二）培养信息意识的策略

为了有效培养大学生的信息意识，高校应该采取一系列综合策略，涵盖了课程设置、教学方法、评价机制以及技术手段等多个方面，以全方位提升学生的信息素养水平。

1. 课程设置与教学方法

高校图书馆是信息资源的主要存储和服务机构，应该充分利用图书馆资源，提升信息课程的质量。可以通过开设信息素养课程、信息检索与利用课程等，系统地培养学生的信息素养。同时，开展教师培训和学生实践活动，例如组织信息素养培训讲座、举办信息技能竞赛等，让学生在实践中深刻体验到信息化对自身能力的培养。

2. 评价机制与奖励机制

制定科学的信息评价机制和奖励机制，是激励学生主动学习信息知识、提升鉴别信息能力的重要手段。可以通过设立信息素养考核项目、评选信息素养优秀个人或团队等方式，引导学生关注信息素养的提升，形成厚植信息意识的氛围。

3. 移动终端设备的应用

随着移动互联网的快速发展，移动终端设备成为大学生获取信息的重要工具。高校可以积极借助移动终端设备，推广信息技术应用，例如开发校园 App、建设移动图书馆等，为学生提供便捷的信息服务和学习环境。同时，可以引导学生利用移动终端设备，从了解到实践的过程，高效完成学习任务和工作实践，进而提升信息素养。

4. 学科交叉与实践融合

信息意识的培养需要跨学科的综合性教育，高校应该加强学科交叉，将信息素养融入各个学科的教学中。例如，在文科类课程中引入信息检索与利用的方法，培养学生分析和解决问题的能力；在理工科类课程中强调数据分析和信息处理的重要性，培养学生的科学精神和创新意识。

5. 实践项目与社会参与

开展信息素养实践项目和社会参与活动，是培养学生信息意识的有效途径。高校可以组织学生参与信息技术研发项目、社会调查与分析项目等，让学生在实践中感受信息的价值和作用，提升信息素养水平。同时，鼓励学生积极参与社会公益活动、科技竞赛等，拓展信息意识的应用领域，培养学生的社会责任感和创新精神。

（三）实践中的信息意识培养

在当今信息爆炸的时代，大学生要提高信息觉悟，学习丰富的信息知识并探索新兴技术，这已成为当务之急。他们需要不断更新信息观念，与时代发展相匹配，能够自觉主动地利用信息，获取有价值的信息资源。通过实践活动，大学生可以更深入地理解信息的重要性，并培养自己的信息意识，以适应知识经济时代的发展需求。

1. 主动获取信息

大学生在实践中应该培养主动获取信息的意识和能力。这不仅包括课堂上的学习，还包括课外的自主学习和社会实践。他们可以利用图书馆、网络、期刊等各种渠道，广泛涉猎各类信息资源，丰富自己的知识体系。同时，参与学术交流、社团活动、实习实践等实践项目，积极获取实践经验和行业动态，不断扩展自己的信息视野。

2. 理性评估信息

在信息获取的过程中，大学生需要具备良好的信息评估能力，即能够辨别信息的真伪、权威性和可信度。他们应该学会从多个角度审视信息，辨别信息来源的可靠性、信息内容的客观性，以及信息所表达的立场和目的。通过分析和比较不同信息源的观点和信息，培养自己的批判性思维，做出理性的判断和选择。

3. 积极参与实践活动

实践是培养信息意识的重要途径之一。大学生可以通过参与科研项目、社会调查、实习实践等活动，将课堂学习中获得的理论知识转化为实际能力和技能。在实践中，他们将面对各种信息的挑战和需求，需要灵活运用自己所学的知识和技能，解决实际问题，提高自己的信息处理能力和应变能力。

4. 培养创新意识

信息意识的培养不仅仅是获取和利用信息，还包括创造和分享信息的能力。大学生应该培养创新意识，勇于探索和尝试新的思路和方法，不断创造新的知识和技术。他们可以通过科研项目、实践活动、创业实践等途径，积极参与到创新创业的过程中，锻炼自己的创造力和创新精神，为社会的发展和进步做出贡献。

二、强化教育，提升大学生信息能力

提升大学生信息能力的关键是对大学生进行信息获取、选择、加工、利用等方面的教育，旨在提高他们对信息的综合处理能力。大学生基本信息能力主要分为两个部分：信息知识、信息技能。

（一）信息能力的关键性

信息时代的来临使得信息能力成为大学生必备的核心素养，而提升大学生的信息能力关键在于全面加强对信息获取、选择、加工、利用等方面的教育。信息能力主要包括信息知识和信息技能两个方面，其中信息知识是指个体在信息化时代获取的知识和经验，而信息技能则是个体在信息活动中表现出来的能力和技巧。当前大学生普遍存在信息知识欠缺、信息技能不足等问题，因此，高校应采取针对性的教育措施，以提升大学生的信息能力为目标。

1. 信息知识的培养

信息知识的积累是提升信息能力的基础，大学生需要具备丰富的信息知识储备，包括学科知识、社会科学知识、科技前沿知识等。高校应当通过课程设置、教学方法等途径，引导学生全面了解各领域的信息，培养他们的综合素养和跨学科思维能力。同时，注重信息科学、信息检索、信息管理等相关课程的开设，帮助学生掌握信息获取、评价和利用的基本方法和技巧。

2. 信息技能的培养

除了信息知识外，信息技能的培养也是提升信息能力的关键。信息技能包括信息检索能力、信息分析能力、信息加工能力、信息表达能力等多个方面。高校应当通过实践教学、项目实践、社会实践等方式，让学生在实际操作中掌握各种信息技能。例如，组织学生参与科研项目、实习实践、社会调查等活动，让他们亲身体验信息活动的全过程，培养其信息技能和解决问题的能力。

3. 教育措施的针对性

针对大学生信息能力的现状和问题，高校应采取针对性地教育措施，有针对性地提升学生的信息能力。这包括建立健全的信息素养教育体系，加强信息技能培训和实践教学，鼓励学生参与科研项目和创新实践，提供良好的学习资源和环境，以及加强师资队伍建设等方面的工作。通过多种途径和手段，全面提升大学生的信息能力，培养他们成为适应信息时代发展需求的新时代好青年。

（二）培养终身学习意识

在当今信息爆炸的时代，培养大学生的终身学习意识变得尤为重要。他们应该树立终身学习的观念，不断总结学习方法、探索学习规律，培养思辨的思维习惯。建构主义理论强调，知识是学习者在教师或学习伙伴的帮助下，根据已有的经验建构起来的。因此，大学生应该主动参与知识的建构过程，以适应信息化时代的发展需求。

1. 构建终身学习意识的重要性

终身学习意识的培养是大学生教育的重要任务。随着科技的发展和社会的进步，知识的更新速度越来越快，传统的教育模式已经不能满足人们不断学习的需求。因此，大学生应该树立终身学习的观念，不断提升自己的学习能力和素养，以适应社会发展的需要。

2. 设计信息技术教育培训综合课程

在高校教育中，应设置以丰富课上信息知识、课下信息能力以及综合运用信息技术能力为目标的信息技术教育培训综合课程。这样的课程设计旨在使大学生能够从海量的信息中筛选所需信息，并对提取的信息进行辨别、加工和应用，以提升其信息应用能力。

3. 培养自主学习能力

终身学习意识的培养需要大学生具备自主学习的能力。他们应该主动探索学习的方法和规律，善于利用各种学习资源，如图书馆、网络、学术期刊等，积极参与学术交流和实践活动，不断拓展自己的知识领域，提高自己的学习能力和水平。

4. 强化信息技术应用能力

信息技术已成为当今社会的核心竞争力之一，大学生应该具备良好的信息技术应用能力。高校应该通过信息技术教育培训综合课程，培养学生从海量信息中获取、筛选、加工和应用信息的能力，使他们能够灵活运用信息技术解决实际问题，提升自己的竞争力和创新能力。

三、加强引导，提高大学生信息道德水平

信息道德，也称信息伦理，它是指人们在从事信息活动时所熏陶成的道德情操，能合乎情理、合乎法律、合乎道德地应对社会的热点问题，让人们切实感受到信息产生的合理性。网络作为一个自由开放的传媒体系，它对人们的道德素养、文明水平提出了新的要求，就是用个人的慎独来维持信息道德，尤其是在无他人监督时的言行。

（一）信息道德的理论基础

信息道德作为一种重要的伦理观念，不仅仅是道德情操的体现，更是社会文明发展的必然产物。在当今数字化时代，信息技术的飞速发展使得信息的获取、传播和利用变得前所未有的便捷，但同时也带来了一系列伦理道德问题。因此，我们有必要从理论层面深入探讨信息道德的本质及其重要性。

首先，信息道德在人们从事信息活动时扮演着至关重要的角色。它涵盖了对信息活动的伦理评价和规范，旨在引导人们在信息环境中行为合理、合法、合乎道德。正如伦理学家所强调的那样，一个社会的文明程度与其成员的道德水平息息相关。信息道德不仅仅是对个体行为的规范，更是对整个社会秩序的维护和促进。其次，信息道德的内涵包括了对个人、社会以及信息本身的责任和义务。个人应当自觉遵守信息伦理规范，保护他人的隐私和权益，不传播虚假信息或恶意攻击他人。同时，社会应当建立完善的信息伦理体系，通过法律、道德教育等手段引导人们正确看待和利用信息。再次，信息本身也应当受到尊重，不得随意篡改或滥用。最后，信息道德的提升需要全社会的共同努力。政府、学校、家庭以及个人都应当承担起相应的责任，共同促进信息道德水平的提高。只有通过多方合作，才能建立起一个健康、和谐的信息环境，推动社会向着更加文明的方向发展。

（二）大学生信息道德的培养途径

作为信息时代的新生代，大学生在信息道德的培养过程中具有特殊的重要性。他们是未来社会的中坚力量，其信息行为将直接影响社会的发展方向和文明程度。因此，我们有必要探讨如何有效地提高大学生的信息道德水平。

首先，高校应当将信息道德教育纳入课程体系，开设相关课程或专题讲座。通过系统的教学和案例分析，引导学生深入了解信息伦理的基本原理和实践方法，提高他们的道德认知水平。其次，学校应当加强对大学生信息行为的监管和引导。建立健全的信息管理制度，加强对网络平台的监督，严格打击不良信息和网络谣言，为大学生提供一个清朗的网络环境。再次，家庭和社会也应当发挥积极作用，加强对大学生的道德教育和引导。家长要时刻关注孩子的网络行为，引导他们正确使用网络资源，培养他们的信息伦理意识。社会各界也应当共同营造一个尊重信息、重视道德的社会氛围，倡导正能量，抵制负面影响。

最后，大学生本人也应当自觉树立正确的信息伦理观念，自觉遵守相关规定，积极参与到信息道德建设中来。只有通过多方共同努力，才能实现大学生信息道德水平的提升，为社会的进步和发展做出积极贡献。

（三）构建大学生信息道德教育体系

要想有效提高大学生的信息道德水平，需要构建一个系统完善的信息道德教育体系。这个体系应当包括教育内容、教育方法以及教育资源等方面的全面考量，确保大学生能够全面系统地接受信息道德教育。

首先，教育内容应当注重理论与实践相结合。既要讲授信息伦理的基本理论知识，又要通过案例分析、角色扮演等方式引导学生深入思考和实践，增强其信息伦理的应对能力。其次，教育方法应当多样灵活。除了传统的课堂教学，还可以利用网络平台、社交媒体等现代科技手段进行教育，提高学生的学习兴趣和参与度。再次，教育资源应当充分利用社会各界的力量，建立起一个信息道德教育的资源共享平台。政府、企业、非营利组织等都可以为大学生提供相关资源和支持，共同推动信息道德教育的深入开展。最后，要建立起长效机制，确保信息道德教育的持续性和深入性。学校应当加强对信息道德教育

第八章 新媒体时代下大学生思政教育评价与监管

第一节 评价指标体系的构建与完善

一、新媒体时代下大学生思政教育评价指标体系设计原则

（一）适应性原则

在新媒体时代，大学生的思政教育评价指标体系需要具有强大的适应性，以适应信息技术快速发展和社会环境不断变化的特点。评价指标应当能够反映大学生在新媒体环境下的思想观念和认知水平，以及其对信息的获取、筛选和运用能力。适应性原则要求评价指标体系能够及时反映出新媒体环境下思政教育的特点和需求。这包括考虑到新媒体技术对大学生信息获取渠道的影响、社交媒体对思想传播的影响以及网络信息对学生思想观念的塑造等方面，确保评价指标具有实际操作性和有效性。在设计评价指标时，需要考虑到新媒体环境下大学生思政教育的特殊性，如社交媒体上的言论自由、信息碎片化的特点、信息真实性的挑战等，以便更好地引导大学生正确利用新媒体，增强其思想政治觉悟和信息素养。

（二）科学性原则

评价指标体系的设计应当基于科学理论和实践经验，确保评价指标具有科学性和合理性。在选择评价指标时，应该考虑到大学生思政教育的培养目标和需求，以及新媒体技术在思政教育中的应用效果。科学性原则要求评价指标体系具有可操作性和可比性，能够客观准确地评估大学生在新媒体时代下的思政教育水平。评价指标应当具有清晰的定义和量化的标准，以便对大学生的思政

教育进行科学评估和有效管理。在设计评价指标时，需要考虑到新媒体环境下大学生思政教育的特殊需求和挑战，如信息获取的便利性、信息真实性的保障、信息处理能力的提升等，以便更好地促进大学生的思想政治素质和综合能力的提升。

（三）综合性原则

评价指标体系应当具有综合性，涵盖多个方面的评价内容，全面反映大学生思政教育的全面发展情况。除了对学生思想政治观念的评价外，还应包括对学生综合素质、道德品行、社会实践能力等方面的评估，以全面提升大学生的思政教育水平。综合性原则要求评价指标体系能够综合考量大学生在新媒体时代下的思政教育表现，包括在学校和社会实践中的思想表达能力、社交网络上的言论规范和信息识别能力等方面。在设计评价指标时，需要综合考虑新媒体时代下大学生思政教育的特点和要求，注重学生在新媒体环境下的信息素养和社会责任感的培养，以便更好地促进大学生的全面发展和成长。

二、评价指标体系的构建与完善方法论探讨

（一）需求分析与定位

首先，对大学生思政教育的目标需求进行分析和定位是评价指标体系构建的关键步骤。这需要深入了解不同学生群体的特点、学习需求和思想观念，明确评价的目的和对象。例如，针对不同年级、不同专业的学生，其思政教育的重点和要求可能存在差异，因此需要根据实际情况确定评价指标的内容和体系结构。其次，需求分析与定位还需要考虑到大学生思政教育的培养目标和社会需求。随着时代的变化和社会的发展，大学生的思政教育也需要不断适应新形势下的要求，如提升学生的思想政治素质、增强社会责任感、培养创新精神等。因此，评价指标体系的构建应当围绕这些培养目标展开，明确评价的内容和标准。最后，需求分析与定位还需要考虑到大学生在新媒体时代下的特点和需求。新媒体技术的普及和应用对大学生的思政教育提出了新的挑战和机遇，因此评价指标体系应当充分考虑到学生在新媒体环境下的信息获取、社交行为和思想观念等方面的表现，确保评价指标的针对性和实用性。

（二）专家论证与借鉴经验

在设计评价指标体系时，应当充分借鉴国内外相关研究成果和经验，结合专家意见进行论证和完善。可以邀请思政教育领域的专家学者参与评价指标的设计和讨论，借助其丰富的经验和专业知识，对评价指标进行科学性和实用性的评估。专家论证与借鉴经验需要考虑到不同学科领域和研究方向的特点和需求。例如，可以邀请教育学、心理学、社会学等相关领域的专家学者，共同探讨大学生思政教育的评价指标体系，确保评价指标的科学性和全面性。同时，还可以借鉴其他高校或国家相关研究项目的经验和成果，比如学校的评估报告、专业认证标准等，以及国家教育部门发布的相关政策文件和指导意见，为评价指标体系的构建提供参考和借鉴。

（三）多源数据采集与分析

利用新媒体技术和信息化手段，采集学生思政教育相关数据是评价指标体系构建的重要手段之一。通过多源数据采集，可以全面了解学生的学习情况、思想政治表现、社会实践活动等方面的信息，为评价提供客观依据。数据采集的方式多样化，可以包括问卷调查、学生档案资料、网络平台数据等多种形式。通过收集和整理这些数据，可以对学生的思政教育情况进行全面分析和评估，发现存在的问题和不足之处。在数据分析和挖掘过程中，需要运用统计分析、数据挖掘等方法，对采集到的数据进行科学处理和分析，发现潜在的规律和趋势，为评价指标体系的完善和调整提供科学依据。

第二节　新媒体时代下的评价方法与手段

在新媒体时代，大学生思政教育评价正逐渐借助新媒体技术实现数字化、网络化和信息化。一方面，学校和教育机构通过建设在线学习平台、微信公众号、移动应用等方式，为大学生提供了更便捷、多样化的学习资源和教育内容。另一方面，借助社交媒体平台，学生们能够更加便捷地进行思想交流、信息分享和互动学习，从而促进了思政教育的开展和传播。然而，当前大学生思政教育评价仍面临诸多挑战，如评价指标不够科学、数据采集不够全面等问题，需要进一步研究和完善。针对新媒体时代下大学生思政教育的特点和需求，可以借鉴以下评价方法进行探讨。

一、数据挖掘技术在大学生思政教育评价中的应用

（一）社交媒体数据分析

1. 发帖内容分析

在社交媒体数据分析中，对大学生在各种社交平台上发布的帖子内容进行分析是至关重要的一环。这种分析涵盖了多种形式的内容，包括文字、图片、视频等。通过对这些内容的分析，可以了解到大学生们在社交媒体上关注的主题、观点以及情感倾向。

（1）文字内容分析

文字是大学生在社交媒体上最常见的表达方式之一。分析帖子的文字内容可以揭示出学生们对于不同话题的讨论和看法。例如，通过关键词提取和情感分析，可以发现学生们关注的热点话题以及他们对这些话题的态度和情感色彩。

（2）图片和视频分析

图片和视频在社交媒体上具有更直观、生动的表现形式。分析大学生发布的图片和视频内容可以了解到他们生活、学习和思想动态的具体展现。例如，通过图像识别技术可以识别出图片中的物体和场景，从而了解学生们的日常生活和活动内容。

2. 评论互动挖掘

除了发帖内容分析，对评论互动的挖掘也是社交媒体数据分析的重要内容之一。评论是学生们之间思想交流和互动的重要方式，通过分析评论可以了解他们的思想倾向、观点表达和交流模式。

（1）评论数量分析

评论数量可以反映出帖子的受关注程度和讨论热度。通过分析评论数量的变化趋势和分布情况，可以了解到不同话题或事件在大学生群体中的影响力和讨论度。

（2）评论内容分析

分析评论的内容可以揭示出学生们对于帖子内容的回应和思想观点。例如，通过关键词提取和情感分析，可以了解评论中的主要讨论内容和情感表达，从

而了解到学生们对于特定话题的态度和看法。

3. 关注话题分析

社交媒体数据分析还可以对大学生在社交媒体上关注的话题和热点事件进行分析。了解学生们的关注话题可以帮助评价者了解他们对于社会问题和时事事件的关注程度和态度。

（1）热门话题追踪

通过监测学生们关注的热门话题和事件，可以及时了解到他们对于社会问题和时事事件的关注度。这有助于评价者更好地把握学生思想动态，及时调整思政教育内容和方式。

（2）话题讨论热度分析

分析学生们对于不同话题的讨论热度可以了解到他们对于各种话题的关注程度和讨论热情。通过比较不同话题的讨论热度，可以发现学生们关注的热点问题和社会事件，为思政教育工作提供重要参考。

（二）情感分析

1. 情感识别

情感识别是情感分析的基础，旨在识别和分析大学生在社交媒体上表达的情感。这些情感可以是积极的，如喜悦、兴奋、赞扬，也可以是消极的，如愤怒、焦虑、沮丧。通过对学生发帖、评论等内容的情感识别，评价者可以了解到他们的情绪状态和心理状态。例如，大量的愤怒表达可能意味着学生们对某一社会问题或事件感到不满，需要引起重视和思考。

2. 态度倾向分析

除了识别情感外，情感分析还可以分析学生对特定事件或议题的态度倾向。通过分析情感表达的内容和语调，可以推断出学生对于社会问题、政治事件或学习生活等方面的态度和观点。例如，一些积极的评论可能表明学生对于某一思政教育活动或课程持支持态度，而消极的评论可能反映出学生对于某一政策或社会现象持批评态度。

3. 应用范围拓展

情感分析的应用范围不仅限于社交媒体数据，在大学生思政教育中还可以通过其他渠道进行情感分析，如学生问卷调查、心理测试等。这些数据的综合分析可以更全面地了解学生的情感状态和心理需求，为思政教育工作提供更有针对性地指导和支持。

二、内容分析方法在大学生思政教育评价中的作用

（一）信息内容分析

1.思想观念分析

通过对大学生发布的信息内容进行分析，可以了解他们的思想观念、意识形态倾向和世界观取向。例如，可以分析他们在文章、评论和转发内容中对于社会、政治、文化等方面的看法和态度。这有助于评价者了解学生对于重要社会问题的认知水平、思想倾向以及对于社会发展的理解和期望。

2.价值取向分析

信息内容分析还可以揭示大学生的价值取向和价值观念。通过分析信息中所体现的价值观念和道德观念，可以了解学生对于正义、公平、诚信等价值的认同程度和理解深度。评价者可以通过这些分析结果，针对性地开展思政教育工作，引导学生树立正确的价值观念，培养良好的道德品质。

3.社会责任感评估

通过分析信息内容，可以评估大学生的社会责任感和公民意识。评价者可以观察学生在信息中是否表达了对社会问题的关注和批判，以及是否展现出对于社会责任的认识和担当程度。这有助于评价者了解学生在社会实践中的表现和参与度，从而为思政教育工作提供针对性地指导和改进建议。

（二）主题挖掘与话题分析

主题挖掘和话题分析是通过内容分析方法，对大学生在新媒体上关注的主题和话题进行挖掘和分析的过程。以下是主题挖掘与话题分析在大学生思政教育评价中的作用。

1.关注度评估

（1）主题挖掘

主题挖掘是指一种从海量数据中挖掘出具有代表性和重要性的话题或主题的技术手段。在大学生思政教育评价中，可以运用主题挖掘技术分析大学生在社交媒体上的关注主题，从而了解他们的兴趣点和关注焦点。主题挖掘的关键

在于从海量的数据中发现潜在的、具有代表性的话题，为后续的话题分析提供数据基础。

（2）话题分析

话题分析是指对大学生在社交媒体上讨论的具体话题进行深入分析的过程。通过对话题的热度、讨论度、持续时间等指标进行分析，可以了解哪些话题引起了学生的广泛关注，哪些话题受到了较少关注。同时，还可以通过对话题的内容、讨论角度、情感表达等进行分析，深入了解学生对不同话题的态度和观点。

（3）基于数据的评估

通过主题挖掘和话题分析得到的数据，可以为大学生思政教育的评估提供客观依据。根据不同话题的热度和讨论度，可以评估学生对于不同主题的关注程度，进而了解他们的兴趣和关注点。这有助于教育者更好地了解学生的心理状态和需求，调整教学内容和方式，提高思政教育的效果。

2. 态度分析

第一，需要关注大学生在话题讨论中言论和观点的多样性。社交媒体上的话题讨论往往涵盖多个领域和议题，而大学生作为社交媒体的重要参与者之一，其言论和观点可能会呈现出多样化的特征。通过分析他们在不同话题下的言论和观点，可以了解到不同学生群体的思想倾向和态度变化。第二，需要关注大学生在话题讨论中对特定话题的支持或反对态度。社交媒体是一个公开平台，学生们常常会在其中表达自己的观点和态度。通过分析评论和转发内容，可以了解到学生对于特定话题的态度倾向。例如，对于一些社会热点问题或政治事件，部分学生可能会表达出支持或反对的态度，这反映了他们对社会问题的认知和立场。第三，情感表达的分析也是深度态度分析的重要内容之一。大学生在社交媒体上的言论往往伴随着情感色彩，例如愤怒、喜悦、担忧等。通过分析他们的情感表达，可以了解到他们对于特定话题的情感态度，以及这种情感态度对其观点和行为的影响。例如，对于一些引起热议的社会事件，学生可能会表达出愤怒或担忧的情感，这反映了他们对于社会问题的关注和情感反应。

3. 热点话题监测

第一，热点话题的识别和分析是热点话题监测的关键步骤。通过数据挖掘技术，可以实时监测社交媒体上的热门话题和讨论，例如社会事件、政治议题、文化现象等。针对大学生用户，还可以筛选出与他们学习生活密切相关的话题，如教育政策、校园文化、就业压力等。通过对这些话题的关注度和讨论热度进行分析，可以了解到学生们关注的焦点和热点，为思政教育工作提供参考依据。第二，热点话题监测可以帮助把握社会舆论动态。大学生作为社会的一部分，其在社交媒体上的言论和行为往往反映了社会的舆论倾向和态度。通过分析他们对于热点话题的讨论和观点，可以了解到社会舆论的走向和动向，帮助政府和社会组织更好地应对社会问题，引导公众舆论，维护社会稳定。第三，热点话题监测为思政教育工作的优化与完善提供了重要参考。通过及时了解学生对于热点话题的关注和讨论，教育部门和学校可以针对性地调整教育内容和方式，开展相关的思政教育活动，引导学生正确理解和处理社会热点问题，提高他们的思想政治素养和社会责任感。

三、网络问卷调查在大学生思政教育评价中的应用

（一）定量数据支持

网络问卷调查是一种有效的方法，用于收集大量的定量数据，从而了解大学生在新媒体环境下的思政教育需求、满意度和参与程度等情况。以下是网络问卷调查在大学生思政教育评价中的应用。

1. 需求调查

通过网络问卷调查（附录二），可以了解学生对思政教育内容、方式和形式的需求情况。例如，可以询问学生对于课程设置、教学方法、教材选择等方面的看法，从而更好地满足他们的学习需求。

2. 满意度评估

（1）了解学生需求和期望

学生满意度评估可以帮助教育管理者了解学生对思政教育的需求和期望。通过询问学生对教育内容、教学方式、课程设置等方面的评价和意见，可以发现教育工作中存在的问题和不足之处，为改进和优化教育工作提供参考依据。例如，学生可能希望增加关于当前社会热点问题的教育内容，或者改进教学方法以提高教学效果。

（2）评价教育质量和效果

学生满意度评估还可以用于评价思政教育的质量和效果。通过询问学生对教育内容的认可程度、学习体验的满意度以及对教育成果的感知，可以客观地评价教育工作的实际效果。例如，学生对教育内容的认可程度可以反映出教育的质量，学生对教育成果的感知可以反映出教育的效果。

（3）提高教育工作的针对性和有效性

通过及时了解学生的评价和意见，可以调整和优化教育内容、教学方式和管理措施，更好地满足学生的需求，提高教育工作的质量和效果。例如，如果学生普遍对某一教学内容的理解困难，教育管理者可以针对性地调整教学方法，提供更加清晰和易懂地讲解。

3. 参与程度测量

（1）问题诊断的重要性

问题诊断是思政教育工作中必不可少的环节。通过对问题的准确诊断，可以及时发现教育工作中存在的不足和短板，从而有针对性地制定改进措施，提高教育工作的质量和效果。问题诊断的重要性主要体现在以下三个方面：第一，发现问题根源。问题诊断能够帮助教育者深入分析思政教育工作中出现的问题，找出问题的根源所在。这有助于从源头上解决问题，避免问题反复出现。第二，精准定位问题。通过问题诊断，可以准确地定位教育工作中存在的问题，明确问题的性质和范围。这为制定有效的改进措施提供了重要依据。第三，提高工作效率。及时发现和解决问题可以提高教育工作的效率。通过问题诊断，可以避免因问题长期存在而造成的资源浪费和时间延误，提高工作效率和效益。

（2）网络问卷调查在问题诊断中的应用

网络问卷调查作为一种常用的数据收集工具，在问题诊断中具有重要作用。通过网络问卷调查，教育者可以收集到大量的学生反馈意见，从而全面了解教育工作中存在的问题和短板。以下是网络问卷调查在问题诊断中的应用方式：第一，多维度反馈。网络问卷调查可以设计多个维度的问题，涵盖教育内容、教学方式、师资水平等多个方面。通过分析学生的反馈意见，可以从多个维度全面了解教育工作中的问题。第二，开放性问题设计。除了闭合性问题外，网络问卷调查还可以设置一些开放性问题，让学生自由发表意见和建议。这样可以获取更加丰富和深入地反馈信息，帮助教育者发现问题的本质和原因。第三，定期调查。教育者可以定期进行网络问卷调查，跟踪学生的反馈意见，及时发现教育工作中的变化和问题。通过定期调查，可以形成问题诊断的持续机制，确保教育工作的及时调整和改进。

例如，一所大学进行了一次网络问卷调查，调查内容涵盖了课程设置、教学方式、教师素质等多个方面。调查结果显示，有相当一部分学生反映在思政课程中缺乏实践环节，无法将理论知识与实际情况相结合。同时，部分学生也提到了在课堂上参与讨论的机会较少，缺乏与老师和同学互动的机会。教育管理者通过分析这些反馈意见，意识到需要改进课程设置，增加实践环节，并鼓励教师开展更多的互动教学，以提升教育工作的质量和效果。

（二）反馈与改进

网络问卷调查（附录一）不仅可以收集定量数据，还可以及时获取学生的反馈意见和建议，从而为思政教育工作的改进提供重要参考。以下是网络问卷调查在反馈与改进方面的应用：

1. 及时反馈

第一，网络问卷调查能够及时掌握学生的思想动态。随着新媒体时代的到来，大学生的思想观念和价值取向日益多元化和复杂化。通过定期的问卷调查，可以了解学生对当下社会热点问题的看法、态度和观点，把握他们的思想动向和变化趋势。这有助于教育管理者及时了解学生的思想状况，做出针对性地教育措施，保持与学生思想的紧密联系。第二，网络问卷调查能够收集学生的学习需求和反馈意见。思政教育工作需要根据学生的实际需求进行调整和改进，以更好地满足他们的学习需求。通过问卷调查，可以了解学生对思政教育内容、教学方法、教材选择等方面的意见和建议，从而针对性地开展教育工作，提高教育效果。第三，网络问卷调查还能够评估学生对教育工作的满意度。学生的满意度是衡量教育工作效果的重要指标之一。通过问卷调查，可以了解学生对思政教育工作的整体评价和满意程度，发现他们对教育工作存在的不满和意见，及时采取措施改进工作，提高学生的满意度和参与度。

2. 问题诊断

网络问卷调查作为一种常用的反馈工具，为教育者提供了一个有效的平台，帮助他们对思政教育工作进行问题诊断。通过分析学生的反馈意见和建议，可以发现思政教育工作存在的问题和短板，为进一步的改进提供重要参考和指导。

在进行问题诊断时，首先，需要对收集到的问卷调查数据进行系统性地分析。教育管理者可以对学生的反馈意见进行整理和分类，将问题进行归纳和总结。例如，学生可能反映出课程内容过于枯燥、教学方法单一、教材陈旧等问题。通过对这些问题进行分析，可以找出问题的根源所在，进而制定针对性地改进措施。其次，在问题诊断过程中，需要深入挖掘问题背后的原因。不同的问题可能存在着不同的深层次原因，需要通过进一步的调查和研究进行分析。例如，学生对课程内容的反感可能源于内容设置不合理、教学方式不够生动、教师授课方式不够灵活等方面。因此，教育管理者需要对这些方面进行深入地剖析，找出问题的本质所在。最后，在问题诊断的基础上，需要制定具体的改进措施和行动计划。这些改进措施应该是针对性的、可行的，并且需要考虑到问题的解决周期和资源投入等因素。例如，针对课程内容过于枯燥的问题，可以调整课程设置，增加互动环节和案例分析，以提升课程的趣味性和实用性；针对教材陈旧的问题，可以更新教材内容，引入新的案例和文献，使教学内容更加贴近时代需求。

3. 改进措施

根据学生的反馈意见和建议，制定具体的改进措施和行动计划至关重要。改进措施应该具体、可操作，并能够针对性地解决问题。例如，针对学生反映的课程内容单一的问题，可以通过增加案例分析、引入互动讨论等方式来丰富课堂教学内容；针对学生反映的教学方法不够生动的问题，可以尝试引入多媒体技术、小组讨论等活动形式，提升教学的趣味性和有效性；针对学生反映的教材陈旧的问题，可以更新教材内容，引入最新的社会热点和案例，使教学内容更加贴近学生的实际生活和学习需求。

第三节 监管机制与措施的建立与实施

一、新媒体时代下大学生思政教育监管机制的构建与完善

（一）监管机制的建立

1. 政策法规制定

在新媒体时代下，针对大学生思政教育的特点和需求，制定相关政策法规至关重要。这些法规应该明确思政教育的目标、内容和方式，并规定监管要求。例如，可以制定关于思政教育课程设置、教材选用、师资培训等方面的指导性文件，为思政教育工作提供规范和指引。

2. 组织架构建设

为了有效管理和监督大学生思政教育工作，需要建立专门的组织架构。这包括成立思政教育管理部门或机构，明确职责和权限，负责统筹规划、组织实施和监督评估大学生思政教育工作。这个部门或机构应该配备专业化的管理团队，具备丰富的教育管理经验和专业知识。

3. 监督机制建立

监督机制的建立是确保大学生思政教育工作有效开展的关键。这包括建立定期评估和监督机制，对思政教育工作进行全面、系统地监督和评估。监督机制应该包括对教学内容、教学质量、师资队伍、学生参与情况等方面的评估。通过监督机制，可以及时发现问题并采取措施加以解决，保障思政教育工作的顺利进行。

（二）监管机制的完善

1. 技术手段应用

在新媒体时代下，信息化技术的应用对于监管机制的完善至关重要。建立数字化监管平台是一种有效的方法，可以实现对大学生思政教育过程的实时监控和数据分析。通过这样的平台，管理部门可以及时了解到各个学院、班级的思政教育情况，包括课程开设情况、师资配备、教学进度等方面的情况，从而

有针对性地制定监管措施和政策。

2. 评价体系建设

为了更科学地评价大学生思政教育工作，需要完善评价体系，建立多维度、全面性的评价指标。这些指标应该涵盖教学内容的覆盖度、教学质量的客观性、学生参与度的高低等方面。同时，评价体系应该与新媒体时代的特点相适应，充分利用信息化技术，采集和分析相关数据，提高评价的科学性和有效性。

3. 监督机制优化

监督机制的优化是保证思政教育工作顺利进行的重要保障。除了建立监管平台和完善评价体系外，还需要不断优化监督机制，加强对思政教育工作的督导和检查。这包括定期进行督查和评估，发现问题及时纠正，并采取有效的改进措施。同时，还应该加强与学校各相关部门的沟通与协调，形成监督机制的闭环，确保各项工作有序开展和取得实效。

二、监管措施的实施与效果评估

（一）监管措施的实施

1. 政策落实

政策落实是确保大学生思政教育工作顺利进行的基础。相关政策法规的制定是第一步，而将政策落地生根才是关键。因此，监管机构需要加强对政策的解读和宣传，确保各教育单位和相关部门深入理解政策内容，并将其贯彻到实际工作中。同时，要建立健全的政策执行机制，明确责任部门和责任人，加强对政策执行情况的监督和检查，及时发现和解决问题。

2. 机构建设

建立健全的思政教育管理机构是有效监管的前提。这包括完善管理体系、配备专业化人才、提高管理水平和效率等方面。管理机构应具备科学合理的组织结构和职能划分，确保各项工作有序进行。同时，需要加强对管理人员的培训和能力建设，提升其业务水平和管理能力，以应对复杂多变的思政教育工作需求。

3. 信息披露

及时向社会公开大学生思政教育的相关信息，是保障监管透明和公正的重要手段。通过信息披露，可以增强社会监督和舆论导向，推动思政教育工作的改进和提升。监管机构应建立健全的信息披露制度，及时发布有关思政教育的政策文件、工作报告、成果展示等信息，并开展定期的新闻发布和宣传活动，向社会公众介绍思政教育工作的进展和成效。同时，还应积极回应社会关切和热点问题，加强与媒体的沟通与合作，建立良好的舆情应对机制，确保信息披露的及时性、准确性和公开性。

（二）效果评估

1. 指标评价

指标评价是对大学生思政教育工作进行定量化、定性化评估的重要手段。基于建立的评价体系，监管机构可以制定一系列评价指标，涵盖学生思想政治观念、行为表现、参与程度等方面。这些指标既可以是定量指标，如学生参与思政教育活动的频率和时长，也可以是定性指标，如学生的政治立场和社会责任感。通过对这些指标的评价，可以客观地了解思政教育工作的开展情况，及时发现问题并采取针对性措施加以改进。

2. 效果检验

效果检验是对思政教育工作实际效果和社会影响的综合评估。通过学生、教师和社会的满意度调查等方式，可以收集各方对思政教育工作的评价和意见。学生的满意度反映了思政教育工作对其思想政治成长的实际影响程度，教师的满意度反映了工作效果和自身工作体验，而社会的评价则反映了思政教育工作对社会稳定和进步的贡献程度。这些评价结果将为监管机构提供重要的参考依据，指导后续工作的开展。

3. 改进措施

基于评估结果，监管机构应及时调整和改进监管措施和教育工作方式，以提高教育工作的质量和效果。通过分析评估结果，找出存在的问题和不足，制定具体的改进措施和行动计划。这些措施可以包括调整教育内容和方式、优化资源配置、加强师资队伍建设等方面。同时，监管机构还应加强对改进措施的监督和跟踪，确保其有效实施和成效显著。

参考文献

[1] 黎绮云.新媒体下高校网络思政教育平台构建与路径探索 [J].食品研究 与开发,2023,44(13)：237.

[2] 刘意.新媒体新技术在高校思政课堂的运用与融合研究 [J].决策与信息, 2023(7)：90-96.

[3] 钱晓丹,李青宇.新媒体时代虚拟现实技术在高校思政教育中的应用研 究 [J].江苏经贸职业技术学院学报,2022(6)：41-43.

[4] 瑞英.新媒体在高校思政教学改革中的应用研究 [J].中国报业, 2022(20)：86-87.

[5] 赵沛羲.新媒体在高校思政工作中的价值与实践思路探究 [J].新闻研究 导刊,2022,13(17)：202-204.

[6] 周达疆.新媒体视野下微信公众号在大学生思政教育中的理论与实践 研究 [J].高教学刊,2020,27：13-16.

[7] 郭娟娟.基于微信公众号的大学生思政教育创新路径研究——以广东 工业大学的实践为例 [J].法制与社会,2016,21：235-236.

[8] 唐丹,钟梓俊.微信公众平台在大学生思政教育中的应用探究——以 沈药制药 83 期二期队微信公众号为例 [J].文化创新比较研究,2020, 4(7)：68-69.

[9] 杨平.习近平思想政治教育观对新时代高校思想政治教育理论研究的新 贡献 [J].江汉大学学报：社会科学版,2019,36(1)：101-112,127.

[10] 张伟莉.供给侧结构性改革对新时代高校思想政治教育内涵式发展的 借鉴和启示 [J].中国高等教育,2019(6)：31-33.

[11] 李忠军,李钰阳."思想政治工作是学校各项工作的生命线"内涵解 析 [J].思想理论教育,2018(12)：48-53.

[12] 习近平.把思想政治工作贯穿教育教学全过程　开创我国高等教育事

业发展新局面 [N].《光明日报》, 2016-12-09 (001).

[13] 习近平. 加快推进新媒体融合发展构建全媒体传播格局 [J]. 求是,
2019 (6)：1-5.

[15] 王磊. 基于新媒体的高校思想政治教育载体建设研究 [J]. 新闻研究
导刊, 2021, 12(22)：100-102.

[16] 孙礼纯. "双一流"背景下大学生思想政治教育全方位协同育人研究
[J]. 黑河学院学报, 2019(12)：40-42.

[17] 夏守信, 韩君华. 网络新媒体在大学生思想政治教育中的创新应用 [J].
学校党建与思想教育, 2018(23)：62-64.

[18] 刘苏红. 当代大学生思想政治教育中新媒体平台的应用和探索 [J]. 智
库时代, 2019(20)：39-40.

[19] 黎操. 浅析当代大学生思想政治教育中新媒体的应用 [J]. 时代农机,
2018(11)：67-68.

[20] 李虎, 刘爽. 新时代人才培养需求背景下社会学"课程思政"教学改
革探索 [J]. 劳动保障世界, 2019(35)：54-55.

附　录

附录一　示例网络问卷调查

尊敬的同学：

为了更好地了解您对思政教育工作的看法和建议，我们特别设计了以下问卷，请您认真填写，您的反馈对我们的工作改进至关重要。感谢您的参与！

1.您对当前大学生思政教育工作的整体满意度如何？

（1）非常满意（　）

（2）满意（　）

（3）一般（　）

（4）不满意（　）

（5）非常不满意（　）

2.您认为当前的思政教育内容是否丰富多样，能否满足您的学习需求？

（1）完全满足（　）

（2）比较满足（　）

（3）一般（　）

（4）不太满足（　）

（5）不满足（　）

3.您对思政教育课程设置和教学方式有何建议？

_____

_____

[请填写您的建议和意见]

4.您认为思政教育在传授理论知识的同时，是否足够关注实践能力的培养？

（1）是的，非常关注（　）

（2）比较关注（　）

（3）一般（　）

（4）不太关注（　）

（5）不关注（　）

您对思政教育工作中存在的问题和不足之处有何看法？

_____

_____

[请填写您的看法和建议]

5.您对思政教育工作的改进有何建议？

_____

_____

[请填写您的建议和意见]

感谢您抽出宝贵的时间填写问卷，您的意见和建议对我们非常重要！

附录二　示例网络问卷调查

尊敬的同学：

为了更好地了解您对思政教育工作的需求和评价，我们设计了以下问卷，请您认真填写，您的意见对我们的改进至关重要。感谢您的参与！

一、思政教育课程设置

1.您对目前的思政课程设置是否满意？

（1）非常满意（　）

（2）满意（　）

（3）一般（　）

（4）不满意（　）

（5）非常不满意（　）

二、教学方式：

2.您对目前的思政教学方式是否满意?

（1）非常满意（ ）

（2）满意（ ）

（3）一般（ ）

（4）不满意（ ）

（5）非常不满意（ ）

三、教材选择：

3.您对目前使用的思政教材是否满意?

（1）非常满意（ ）

（2）满意（ ）

（3）一般（ ）

（4）不满意（ ）

（5）非常不满意（ ）

四、参与程度：

4.您参加思政课程、社会实践、志愿服务等活动的频率如何?

（1）经常参加（ ）

（2）偶尔参加（ ）

（3）不太参加（ ）

（4）从不参加（ ）

五、对思政教育工作的建议：

_____

_____

[请填写您对思政教育工作的建议和意见]

感谢您抽出宝贵的时间填写问卷，您的反馈对我们的工作改进非常重要!